静岡大学教授
桜井良治

消費税は「弱者」にやさしい！

「逆進性」という虚構の正体

言視舎

はしがき

▼消費税の「逆進性」は存在するのか？

昭和末期の消費税導入反対運動にまつわる政策議論をめぐって、「消費税は不公平」という考え方が支配的になった。また平成元年の消費税導入以降の納税に対する社会の批判的論調によって、「消費税は不公平」という日本に特有の認識が、国民の間に浸透してきた。

これらの「消費税不公平論」の唯一の論拠となってきたのが、「消費税は『逆進性』があるから低所得者の負担が重い」とする「逆進性論」である。大手メディアの消費税反対大合唱に支援されて、国民がこの認識を共有したことが、その後の消費税増税を困難にしてきた。戦後民主主義に影響された平等主義の下で、「所得税の累進制度中心主義」が支配し続けてきた日本の租税制度の中で、消費税の「逆進性」を批判する反増税運動が巻き起こり、今日まで続いているのである。

▼再分配イデオロギー：租税に限定した再分配主義

日本の消費税反対運動では、欧米諸国と異なって、この「逆進性」を制度的に解消するのではなく、消費税自体を否定するという、世界で類を見ない特徴がある。その運動の原点にあるのが、「再分配イデオロギー」というべき租税に限定した再分配重視政策である。

本来、政府による所得再分配には、租税の徴収を通じた政府歳入による再分配と社会保障給付を通じた歳出による再分配の二つがある。しかし、この「再分配イデオロギー」は、消費税による所得再分配を「政府歳入による再分配」、つまり租税徴収の面だけに限定して実施しようとする点で、視野の狭い考え方である。徴収した租税を社会保障の充実等によって国民のために支出する歳出面での再分配には目をつぶる点で、西欧諸国には見られない日本に固有の考え方といえる。しかも、租税の徴収方法が低所得者に有利な累進的なやり方でなければ、再分配効果は乏しいという一面的な考え方である。

つまり、所得再分配によって低所得者の負担を軽減するためには、歳入面の租税を軽減する方法と、歳出面の社会保障給付を充実させる方法がある。前者の租税による再分配が不十分なら、その分、後者の社会保障給付を低所得者により多く配分することによって、歳入面のマイナスを補完できる。そうすれば、トータルの再分配効果は高くなるはずである。

消費税収入を各階層に平等に配分すれば、租税負担額の少ない低所得者に有利であり、その負担額の多い高所得者には不利になる。この点については、社会保障受給額から消費税負担額を差し引いた「純負担額」の平等という視点から見れば明らかであり、それについては、後述することになる。

▼社会保障目的税化は不要

以上のような消費税の歳入面での不十分さを補完するためには、消費税を社会保障目的税化することによって、税の公平性を高めるという考え方が有力になっている。この考え方は、平成9年の5%増税後の消費税について、「使途を老人福祉3項目である年金、医療、介護に限定」することで、実態的に見ればすでに実施に移されている。

ただし本書では、「消費税は不公平だからその税収入を社会保障によって低所得者に有利に配分することで償うべきである」という、従来の増税論議を蒸し返すつもりはない。

その逆に、消費税は税制度としてそれ自体が公平なため、その使途を社会保障に限定することによってその公平性を補完する必要はないという姿勢を取っている。

▼所得税との共同作業――租税ミックス

税制を考える場合には、様々な税による共同作業の視点が大切である。消費税に多少の短所があれば、所得税等の他の税の長所によって補完することができるからである。

たとえば、人間には誰しも長所と短所があり完璧な人間はいない。力仕事が苦手な人でも、オフィス労働で能力を発揮できる場合が多い。同様に、税制もどれか一つでは完璧に目的を達成できなくとも、「租税ミックス」の活用によって、相互の短所を補完できるのである。

▼廉価販売における消費税転嫁問題

本書の趣旨に従えば、低所得者はスーパーの安売りセール等で廉価販売を利用しやすいために、消費生活で有利になる（第5章参照）。ただし、この場合、商品に含まれる消費税が転嫁されている場合とそうでない場合が考えられる。

理論的に考えれば、事業者による消費税の転嫁割合は、全く転嫁されない0％の場合〜全面的に転嫁される100％の場合まで、大きな開きがある。後述の消費税の「逆進性」を示す図表では、各階層への消費税の全面転嫁という特殊な仮定が前提とされている。この場合には、〔各階層の購入商品価格×5／105＝消費税額〕として、各階層の負担する消費税額が算出され、「逆進性」の存在が導かれる。しかしながら、仮に低所得者に対する消費税転嫁率が高所得者よりも低いとすれば、「逆進性」は存在しなくなる可能性が高い（第6章参照）。

▼万一「逆進性」があっても公平

平成元年の消費税導入以来、長年にわたって「消費税は『逆進性』があるため、不公平税だから増税すべきでない」とする意見が、政治家と国民の間に広まってしまった。本書は、この反増税論の根拠になってきた「逆進性」の存在を問うことにより、この認識を正すことを目的としている。「消費税不公平論」はこの税に対する虚像を作って批判してきたにすぎない。実際の消費税は、創設当初からずっと、国民の社会保障財源を賄う公平な税制であり続けてきたと考えている。

財務省のホームページでは、階層別転嫁率の問題を無視して「逆進性」の存在を示す図表を無前提に掲げ続けているが、これによって誤解が助長されている。

本書では、これまで広く信じられてきた消費税の階層別負担率における「逆進性」の存在を示す統計的数値には、何の根拠もないことを説明したい。

それを示すデータがあれば、統計的な実証によって消費税の「逆進性」を否定して、「比例性」や「累進性」を証明することも論理的には可能であろう。ただし、そのためのデータとなる「所得階層別消費税負担額」については、その取得は容易ではない。

そこで本書では、長年信じられてきた「逆進性」の存在についてあきらめきれない人々でも納得できる議論を展開したい。つまり、「逆進性」があったとしても消費税は公平な税制であることを説明したい。

▼「逆進性」は間接税に共通の特徴

後述するように「逆進性」は、酒税やたばこ税等の個別間接税にも付きまとう問題であり、消費税に固有の問題ではない。年金や国民保険料等の社会保険料の負担でさえ「逆進性」がつきまとう。逆進性の問題は、これらの公租公課を各階層の所得額の大きさに比例して、あるいは累進的に支払わない限り、必ず生じる問題である。そうすると、「逆進性」の存在が許しがたいほど大きな不公平をもたらすなら、個別消費税や社会保険料負担をすべて廃止しなければならないという理屈になる。

▼「逆進性論」のもたらす歪み：緩和対策で制度が歪む

消費税に対する誤った不公平感が払拭されないと、それに依拠した歪んだ消費税制度改革論が隆盛になる。その結果として、低所得者負担軽減のための生活必需品非課税論や複数税率制や低所得者への還付制度の導入などの無益な特例措置が増えるおそれがある。

勉強不足の政治家や同質性の高い横並びの大手メディアは、「逆進性」を前提とした議論を展開しているため、消費税増税にともなって、複数税率等の様々な特例制度を導入して「逆進性」を緩和することが必須だと考えがちである。しかしそのための特例措置が実施されると、日本の消費税の特長である一律税率による簡素で中立性の高い課税方式が失われる。そうすると、「資源配分に対する中立性」という日本の消費税の最大の長所が失われることになる。

イデオロギーに基づく消費税反対論のもう一つの特徴は、国家財源が充実すると大きな政府となり、その結果、防衛力が充実すると考えているため、増税に反対するという立場である。国家基盤の充実をとなえる逆の立場からの増税支持表明がないことも、消費税の孤立化を助長している。

その結果、日本の学術振興を担う関連学会での消費税に関連する論議においても、ひずみが出ている。学会での議論では、政治的な反対論議を回避するために、国の消費税の増税論議を回避して、地方消費税の増税論議を進めようとする傾向がある。消費税の低所得者負担についての誤解を正して、国民の公平性に関する認識を高めなければ、このような不健全な状態がいつまでも続くことになる。

▼消費税は「弱者」にやさしい：「垂直的公平性」が高い

低所得階層は消費生活で最も有利なため（第5章参照）、消費税負担でも有利になる。各階層が「消費税」として支払った金額の実際の性格を分析すると、低所得者の負担率は減少し、「逆進性論議」は虚構にすぎなくなる。万一「逆進性」が生じても、それは実際の税負担の重さではなく、他の階層の負担率との比較を意識した納税者心理の問題ということになる。

本書では、統計実態に基づく以上の論拠から、消費税は元々高所得者が税収の大半を負担する

「垂直的公平性」の高い税金であるという結論を導く。消費税負担に所得税や社会保険料負担を含めると、垂直的公平はますます強まる。

その上、消費税は買物の「機会費用」（5章参照）が低いために低価格商品を容易に購入できる低所得者にとって極めて有利な税金である。

低所得者や零細事業者等の「弱者」ほど消費税の負担が少ないなら、消費税は「負担能力に応じて税負担をすべし」という応能負担の原則の面から見ても、公平な税ということになる。

▼市場最大の政府債務：財政再建の必要性

平成23年度末見込みで国・地方合計約894兆円という史上最大の債務は、政府の存続すら危うくしている。高コストの社会保障が充実した先進国で高齢化社会に健全財政を維持するには、消費税の増税は必須の課題である。しかし近年、国政に責任を持つ政権政党がその公平性の説明責任を果たせず衰退したため、国政選挙に大きな歪みと傷跡を残してきた。自民党政権時代に国民生活の向上のために、子孫に赤字国債の重い負担を残さないように、「一身を賭して」消費税創設を堂々と提起して国政選挙で大敗し、道半ばで倒れた大平首相などの功績を再評価すべきである。

西欧諸国では、この「逆進性」を認めながらも、大きな反対運動は起きず、国民の合意を得て付加価値税（消費税）を増税し続けている。ただし、この「逆進性」問題に全く無関心なわけではない。

標準税率20％台の西欧諸国では、ＥＵ加盟国の大半が、複数税率導入による食料品軽課等により低所得者の負担を軽減している。他方、ニュージーランド（15％）、デンマークの（25％）ように、日本と同じ単一税率で消費税を課税している国もある。本書では単一税率を支持する立場をとっている。

また、消費税増税に伴う税体系全般の「逆進性」傾向の増大を緩和する方策としては、カナダやニュージーランドのように、「給付付き税額控除」によって、低所得者への所得税の税額控除や現金給付等を実施することで、国民の納得を得ている国もある。しかし、付加価値税（消費税）の導入と増税に関する目立った反対の動きは、予想外に少ない。

日本と同様の社会保障制度を導入している西欧先進国では、20％程度の消費税率を導入している。北欧の社会福祉国家では、25％程度である。社会保障制度をもつ高齢化が進む世界の先進国の中で、日本だけが5％消費税を維持し続けられるわけがない。西欧諸国では、所得税等も日本よりもやや高率課税されているが、日本と大差はないので省略する。

平成23年度末見込みの日本の国・地方を合計した政府債務残高８９４兆円は、長年にわたって消費税増税を控えたことによって生まれたものである。つまり、本来は社会保障給付に見合った西欧先進国並みの20％台とすべき消費税率を5％に抑制した結果として毎年の財源が不足し、その分が債務残高として累積したものである。そう考えると、20％台への消費税率増税は、すでに日本財政に組み込まれていることになる。

消費税1％で2・5兆円として計算すると、毎年、〔2・5兆円×15％＝〕37・5兆円が不足して、公債発行の累増分となっている。毎年の公債の利払い額を省略して、累積債務894兆円をこの毎年の消費税不足分37・5兆円で割ると、約24年分の消費税収と計算される。

▼国民資産が潤沢でも、増税なき財政再建は不可能

日本の公債は、その9割以上が内国債として国内の年金積立金等の政府資金や企業資金で購入されている。1400兆円の貯蓄資産があるから返済は容易であることをもって、その購入にリスクは少ないと言われている。しかし、国民の住宅ローン資産400兆円等を差し引けば、純資産は1000兆円にすぎない。

この国民の純資産を政府が増税によって徴収できなければ、政府債務を1円たりとも返済することはできない。以上の世界各国の消費税を基軸とした租税政策を見れば、その手段が消費税増税しかないことは、あまりにも明白である。

▼弱者の立場に立つ政党は増税による社会保障充実を支持すべし

国民の消費税の負担能力の面から見ると、税を支払う担税力が劣る低所得者の方の負担が多くなるような不合理な税が、消費税率25%のスウェーデン等の北欧の福祉国家を始めとして世界の先進国で本当に存在し続けることが可能だろうか。

もしも消費税の負担が実態的に低所得者に加重なら、低所得者側とそれを代表する政治団体や圧力団体から反消費税の運動が高まって、消費税制度の存続すら困難にならないだろうか。

しかし実際の世論調査に反映された国民の声を見ると、日本国民の大半は、日本の財政状況を見据えて、近い将来の消費税増税を容認する方向に傾きつつある。不景気による税収不足の中での政権政党の国政選挙向けの利益誘導を狙った大胆なばら撒き政策が、国民に財源の心配を引き起こしていることが分かる。

本書が主張するように、消費税が低所得者にやさしく零細業者に有利な税制だとすれば、社会的弱者の立場を代表すると標榜する社民党などの政党とその流れをくむ民主党の一部などが、消費税の導入や増税に反対する理由は全くなくなる。

現状の政治姿勢とは逆に、大半の国民が消費税増税を支持するという世論の動向を踏まえて、「消費税増税による社会保障の充実」を政策マニフェストとして掲げるべきなのである。このことは、西欧の社会保障国家の財源を支える消費税増税を成し遂げた政権が社会的弱者を支持基盤とする社会民主党政権であることからも明らかである。

▼増税によって社会経済、国家信用に好影響

前述のように、消費税を増税すれば累積債務の減少によって国家信用を高めて、政府と民間の経済活動に対する国際的信認を獲得できる。また、増税によって社会保障を拡充できれば、国民が将来の生活に対する不安から解放されて消費を拡充するため、景気回復が期待できる。

▼本書の中立性――消費税を政争から解放する

本書で述べたことは、すべて筆者個人の考えに基づくものであり、いかなる政治団体や組織にも迎合せず、影響も受けていない。本書は、いかなる政治的な立場にも迎合せず、現状の日本政府の財源不足を憂うる中立的な立場から書かれている。消費税自体は経済的・政治的に全く中立的な税制なので、これは当然のことである。

本書の刊行には、いかなる政府機関、経済団体、学術団体、労働組合等の圧力団体との相談もなく、また出版助成金も受けていない。完全に中立的な立場から書かれている。

筆者は政府や企業と密接にかかわるような特権的な地位にはないため、資金面はもとより情報面でも、いかなる便宜供与も受けていない。したがって、本書で示した資料のすべては、筆者が大学

の昼夜の授業の合間に、長年の地道な努力を重ねて、一般国民に対する政府の情報公開を通じて入手したものである。

幸い、政府の情報公開が進められている時代なので、本書の執筆のために問い合わせた総務省統計局をはじめとする各種政府機関は、おおむね快く統計データ等の資料を公開してくれた。中小企業庁では、時間をかけて古い資料を資料倉庫から探し出して送ってくれた。

本書は、現状の日本財政の債務の累増を憂い、社会保障等の国家財源の充実を求める立場から書かれている。本書の狙いは、消費税という日本国と国民の将来の安定を支える税を政党間の利害対立から解き放ち、その他の間接税等と同様に、税本来のあり方をめぐる建設的な議論の場に戻すことにある。

また一般の読者に、「消費税不公平論」を先導した「再分配イデオロギー」について理解してもらい、新しい消費税論の形成を図ることである。本書を読んだ読者が、「消費税は不公平」という日本中に行き渡った固定観念から解き放たれることを願っている。

▼現行日本の消費税自体が公平

本書の考え方は、現行消費税は現行制度のままで低所得者の負担が少ない公平な税制だということである。つまり、これまで繰り返されてきた「消費税は不公平だが必要悪として導入・増税せざるをえない」という消極的な受入論ではない。

このような消費税必要悪論を繰り返しても、この税の正当性を示せないため、本税のこれ以上の発展は望めない。このままでは、「それほど不公平な税制なら、減税・廃止すべきだ」という反対論が、絶えず頭をもたげ、税率アップが抑制され続けるからである。

▼政権政党が増税を躊躇する理由はない

政権政党、とりわけそれを代表する総理大臣が、本書で示した「消費税の公平性」に関する論点を理解すれば、国民に気兼ねして増税を躊躇する理由は全くないことを知るはずである。

増税後の消費税を福祉目的税にしたり、「複数税率化」や「税額還付」などの煩雑な負担緩和措置を導入する必要もない。むしろ世界一公平・簡素で資源配分に中立的な世界に誇る現行日本の消費税の長所を増進すべきである。

▼「弱者」の定義

本書のタイトルにある「弱者」という言葉は、社会通念に照らすと、社会経済的な生活条件にハンディのある人々ととらえられている。本書は経済的な視点から消費税の問題を扱うため、「弱者」を経済的な弱者、つまり低所得者を中心に考えたい。とりわけ、低所得者に対する消費税負担率の

「逆進性」の問題を解くことを主要課題としているので、そう考えて差し支えないであろう。

ただし、現代では、低所得であっても、もっと働ける体力や知力があるのに趣味を生かした人生設計をするために派遣社員として働いている若者が増えている。これらの人々は、本当の「弱者」とは言えない。

本当の弱者は、不治の病にある病人や身体障害者等、家事労働も含めて、働きたくても働けない人々のことである。そうすると、消費税の課税としては、これらの人々にやさしくなければならない。現行消費税においても、身体障害者の使用する松葉づえや車いす等の物品の非課税等を通じて、それらは一部実施されている。

ただし本書の趣旨からすれば、税の課税時だけではなく、その支出方法において、社会的な弱者対策をするほうが、より重要な課題である。具体的には、消費税増税による豊富な税収を用いた社会福祉の大幅な拡充によって、弱者対策を実施すべきだという理屈になる。

▼社会保障の充実を求める国民の一人として

筆者は、消費税増税による社会保障財源拡充を求める一般国民の一人として本書を執筆している。「おわりに」で詳述するように、筆者の数少ない家族は5年余りの長期にわたる重病患者であったため、筆者は日々病人の看護に明け暮れてきた。

日本社会の高齢化は日々深刻さを増し、老々介護の夫婦が急増中である。それにもかかわらず、社会保障財源の枯渇によって、病院に対する財政支援が不足する状態が続いているため、病院経営が困難になっている。歩行困難な重病患者でさえ入院が認められなくなっているのである。

消費税増税によって、日本の社会保障財源が充実すれば、年金、医療、介護等のすべての分野での社会保障が充実することになる。国民全員が少しずつ租税負担するほうが、個人で将来に備えて数千万円という莫大な貯蓄に励んだり、高額な民間企業の医療保険や年金保険に加入するよりも、少ない資金ではるかに大きな社会保障を受けることができる。そうすれば、個人貯蓄に励む必要がなくなり、その分の消費支出が拡充するため、景気拡大も期待できるのである。

▼「仕入消費税」と「売上消費税」

なお本書では、事業者の消費税負担額の性格について明確にするために、商品に上乗せされて消費者が支払う消費税総額について、二つに区分する。仕入段階で課税された消費税を商品価格に転嫁する分を「仕入消費税」、売上段階で新たに発生した消費税分を「売上消費税」と表現する。消費者は一回の商品購入において、原則としてこの両者を支払うことになる。

目次

序章　消費税の実態を解明する本書の視点

1　本書の視点

▼逆進性の実態について：「各階層転嫁率一定」という仮定で成立

以上のように、長年にわたって「逆進性問題」が、消費税の増税を妨げる唯一の障害となってきた。消費税の「逆進性」とは、消費税の所得階層別負担構造を見ると、「所得額に占める消費税額の割合」、つまり消費税負担率が、高所得者よりも低所得者の方が高くなるという問題である。

本書では第一に、「逆進性」自体を問う。これまで消費税反対論議を支配してきた「逆進性」について、本当はだれ一人、その存在を説明した者はいないからである。

それ以上に本書は、「逆進性」のもたらす「実態」を問う。「逆進性」統計が成立するか否かにかかわらず、消費税が低所得階層の生活実態にもたらす影響を重視するのである。万一消費税に「逆進性」が存在したとしても、低所得者が耐えがたいほどの不公平をもたらすのかどうかを吟味する。従来盛んに主張されてきた消費税の「逆進性」がもたらす低所得者の生活困難といった実態の真偽を問う。

従来の「逆進性統計」は、総務省が作成した客観的な統計数値である「家計調査」における所得階層別の「課税対象消費額」に消費税率5％を掛けて算出した結果を図表化したものである。ただし実際の計算では、各階層の消費額には「内税」として消費税額が含まれているものと考えて、〔消費額×5／105＝消費税額〕として計算される。

その場合、「逆進性」が成り立つためには、各所得階層における転嫁される消費税額の割合、つまり「階層別転嫁率」を一定としなければならない。本書は、一般に認められた経済学的な租税転嫁理論の視点から、各階層に対する一律の転嫁率について疑問を投じ、「逆進性」の存在自体に疑問を投げかけている（第6章参照）。

▼低所得者ほど消費税負担は少ない

消費税の「税負担」を問題にする場合、「負担額」と「負担率」が問題になる。しかしこの2つは、おうおうにして混同されている。公共放送を担う大手メディアのゴールデンタイムのテレビ放送の司会者やコメンテイター、討論者等もしばしば混乱している。

たとえば、「消費税は低所得者の負担が大きい」という場合、議論の本旨としては、暗に「（所得に占める）負担率」を指しているはずである。しかし、視聴者に与えるメッセージとしては、「低所得者の負担額が多い」というメッセージを与えている。

本書では、この「負担額」と「負担率」の両面から見て、低所得者の消費税負担が少ないことを説明する。低所得者の「負担額」が少ないことについて説明するだけなら、階層別負担額を示す基本統計図表を記載して、その簡略な説明をするだけで十分なので、数ページの紙面があれば足りる。

世間で「消費税は不公平」という際に問題にされているのは、この「負担額」のことではなく、「負担率」であることから、本書の説明の大半は、階層別の所得に占める消費税「負担率」の説明に置かれる。その結論として、世間の常識的な意見とは異なって、意外にも消費税の低所得者負担率についても、低所得者の方が高所得者よりも低いため、「逆進性」の存在は証明できない、という結論に到達する。

2　先行研究と出版物の限界

▼十年一日の先行研究の「逆進性論」

これまでの研究書の大半は、消費税の「逆進性」による不公平が深刻な問題であるという前提で書かれている。「消費税は必要」と書いた書物はいくつか見られるが、「消費税は公平だから優れている」と書いた本はない。

そこでは、消費税の不公平感の原因とされている「逆進性」の実態やその深刻さをもたらした人間の心理的要因等については、真剣に論じられていない。また「益税」や「損税」(第6章参照)のもたらす経済的利害関係について論じることなく、「益税は庶民の敵」として断罪するだけの十年一日の研究が多い。ただし本書では、紙幅の制約上、これらについての詳細は避けたい。

本書の視点から見ると、消費税の研究上の進化は遅く、研究は停滞し続けている。これまで消費税を扱った研究書や論評書は多いが、その大半は税制全般を論じる中で、一項目として消費税を扱っているにすぎない。

消費税は近未来の日本の基幹税制であるにもかかわらず、本書のように消費税研究に特化して税制の実態を深く掘り下げた研究成果は少ない。その理由は、多くの論者が未だに、消費税を国家や国民の将来を左右する大きな課題とは考えていないことによる。近い将来に日本の税制の中心になる消費税について、一過性の財源調達手段程度の位置づけしか見出せないためである。

それ以外には、政治経済論や社会福祉論、日本社会論などを論じるなかで、それらを支える財源として、多くの税金の一つにすぎないという程度の位置づけで消費税を取り扱っている研究が多い。

消費税導入の歴史や政策実施過程を分析した重厚な書物は多いが、消費税の税負担構造の本質を究明して公平性を論じた研究成果は乏しい。

3　正しい消費税議論：弁証法的議論

▼100冊の通説より1冊の異論

本書は、税の公平性についての新しい見地に立った主張を展開する。その場合、以上の意味で、これまでの消費税反対論の指摘も役立っていることを断っておきたい。

いかなる意見も賛成であれ反対であれ、その拠って立つ論拠が明確で推論が検証可能であれば、議論が可能になる。しかし最初は自由になされていた言論が、ひとたびイデオロギーと化すと、宗教と同様に、社会認識における人知を超越した絶対的価値観に変貌する。「消費税（増税）反対」のような一つの政策が各政党の理念や支持階層と結びついて絶対的な行動指針と見なされる。すると「結論先にありき」で、様々な根拠は、それを守るために、探されるだけである。そうなると、個々の政策の是非についての判断は思考停止して、一方的な主張が唱えられるだけになる。

そうなると、消費税のような本来は不偏不党な中立的な税制について、課税の普遍性や経済的中立性については無視され、「逆進性論議」という一面的な視点だけから断罪されることになる。

筆者が大学時代に学んだギリシャ哲学には、ソクラテスの時代から有名な「弁証法」という議論の方法がある。議論というものは、ギリシャ哲学の弁証法のように、お互いに反対理由を述べあう「否定の否定」で発展していく性格があるので、議論を深化・発展させるためには、これまでとは違った視点に立った意見を展開することが重要である。この議論の方法は、現代でも西欧民主主義諸国では、ディベートという討論方法に受け継がれている。

異論を唱えることによって、停滞した議論を活性化させる価値を考慮すると、通説を唱え続ける100冊の書物よりも、通説に異論を唱える1冊の本の方が、議論を発展させる価値が高い。後世の人々が名著と見なすすべての書物は、最初は「非常識」と見なされるが、その後に世論が納得すれば、名著と見なされる。ただし本書のように時代を先取りした主張の場合には、理解されるためには、時代の変遷による社会経済状況の変化が必要な場合もある。

本書は以上の議論に貢献しようとする観点から、これまでの消費税不公平論を主張するAの通説に対して新しい見地に立って消費税公平論を主張するBの意見を展開する。上述のようにこれまでの消費税反対論であるA説の指摘も役立っているというのはこのことである。

これ以降、当然の成り行きとしてA説、B説を総合したC説が登場することが期待される。これで終わりではなく、その後にC説を「否定」するD説が登場することが期待され、この過程が無限に継続することが望ましい。これが正しい弁証法的議論の発展なのである。

4　経済学的アプローチの重要性

▼税法学の限界

これまでの消費税研究書には、税法学の分野の研究書や実務書が多い。財務省出身の研究者の多くが法律学分野で学んだことも、そのことを助長している。

しかしそれらの研究には、経済学的アプローチが決定的に抜けている。税法学上の議論では、消費税の最終負担者について論じられることは少ない。税法上、「消費税の納税義務者は事業者である」と定められているが、その納税額の最終負担者についてはそれほど論じられておらず、中には、「納税額の最終負担者は消費者である」という暗黙の前提で議論する研究者も多い。

それに対して、経済学の分野では、伝統的に「租税転嫁論」が発達している。つまり、事業者が消費税を負担した場合、その金額を価格に転嫁できるかどうかを究明する「税の転嫁問題」、またそこで転嫁された税を最終的に誰が負担するのかを究明する「税の帰着問題」が、盛んに論じられてきた。

本書では、このような経済学的なアプローチに基づいて、消費税の最終負担者の問題を取り扱う（第6章参照）。

本書の消費税研究の基礎には、ミクロ経済学の価格理論に関する基礎知識が貢献している。販売戦略に関する研究には、経営学的分析に基づく発想が不可欠である。小売店側が消費税を小売価格に上乗せするかどうかといった問題を検討する場合には、利益最大化を目標とした商品の小売価格設定という視点が重要だからである（第5章参照）。

▼価格理論の視点

本書の執筆で気づいたことは、消費税について総合的に研究するためには、多様な研究領域の知識が役に立つということである。

たとえば、本書に記載した消費税の公平性や実態的な階層別消費税負担の構造を理解するためには、経済学の古典的知識や基礎的な価格理論や経営理論、消費税制度の理解を要する。

本書で示した利益最大化を目的とする価格形成理論や階層別消費税転嫁等の分析には、筆者が長年にわたって学んできたミクロ経済学の価格理論が役に立った。消費税研究には、筆者の限られたミクロ経済理論の知識を総動員してもまだ及びがたい研究対象の宝庫である。この分野に高度なミクロ経済学の価格理論を応用すれば、新たな理論的な展開が期待される。つまり消費税研究は新しい認識が生まれやすい創造的な研究分野だが、これまでのところ、その力が十分に発揮されているとは言い難い。

日本の経済学、特に経済理論の分野は、日本の特殊事情を無視して先進国の理論を直輸入した

「輸入学問」の性格が強すぎる。そのため、日本の実態に即して研究することによって新しい理論を構築する意欲が乏しいように思える。

たとえば、「生涯所得＝生涯消費」という観点から「逆進性」の存在を否定する従来の「逆進性論」から抜け出た傑出した主張であっても、高齢者は生涯で貯蓄額を使い尽くすことを前提としたライフサイクル仮説等の外国の理論にそのまま依存している。ここでは、貯蓄率が高い日本の高齢者の特徴を軽んじているように思われる。

5　社会保障歳出を含めると公平性がより明確に

――消費税率を20％に増税後、20万円を社会保障費として全階層に一律給付した場合

▼aの図：社会保障20万円給付後の負担額

次頁のa「棒グラフ」には、消費税率の20％への増税後、全階層に一律20万円を給付した場合の消費税の「純負担額」が示されている。ここでは、年金、医療、介護保険等の国庫補助が、増税後に全階層に平等に行き渡ったと仮定している。

各階層一律の社会保障給付額20万円は、0メモリから下の棒グラフで、「マイナスの負担額＝受取」と示されている。棒グラフで、0メモリ以下の「受取額」と0メモリ以上の「純負担額」の両者を足した数字が、各階層の消費税についての「当初負担額」になる。

図1　全額を社会保障費として配分した場合(年額)

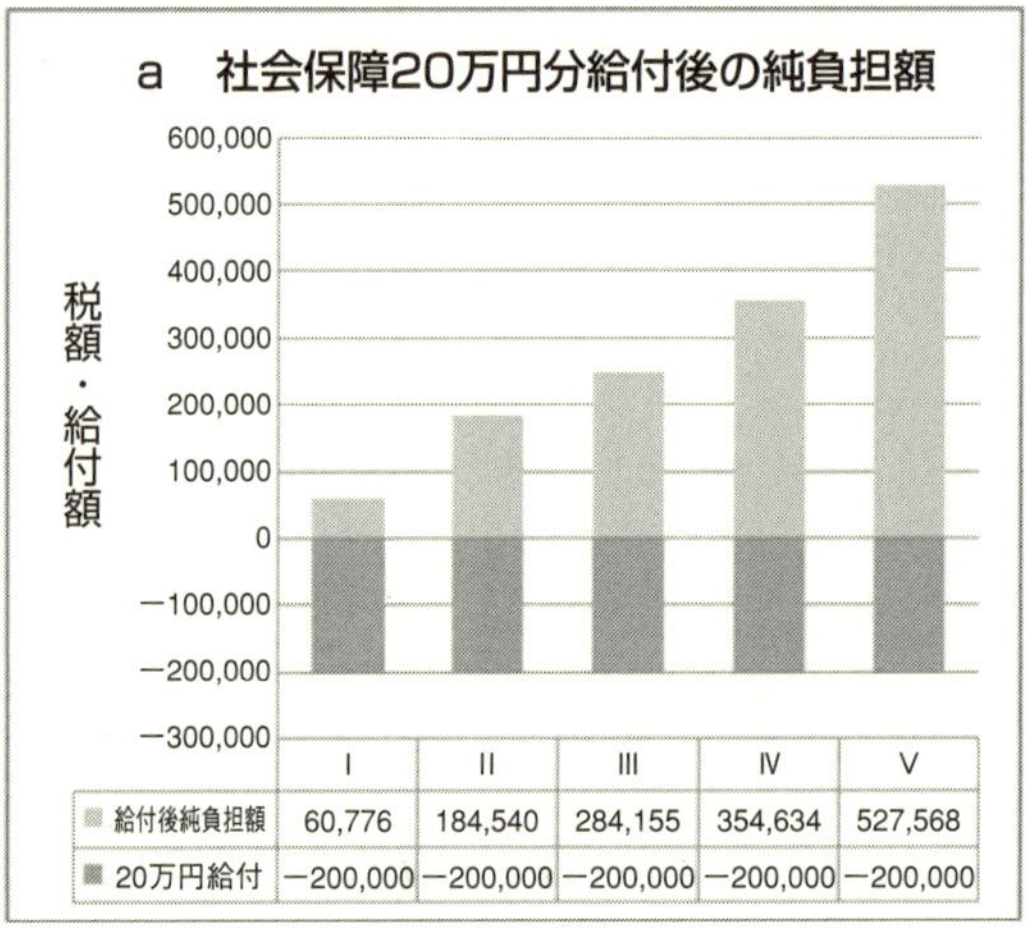

a　社会保障20万円分給付後の純負担額

税額・給付額

	Ⅰ	Ⅱ	Ⅲ	Ⅳ	Ⅴ
給付後純負担額	60,776	184,540	284,155	354,634	527,568
20万円給付	−200,000	−200,000	−200,000	−200,000	−200,000

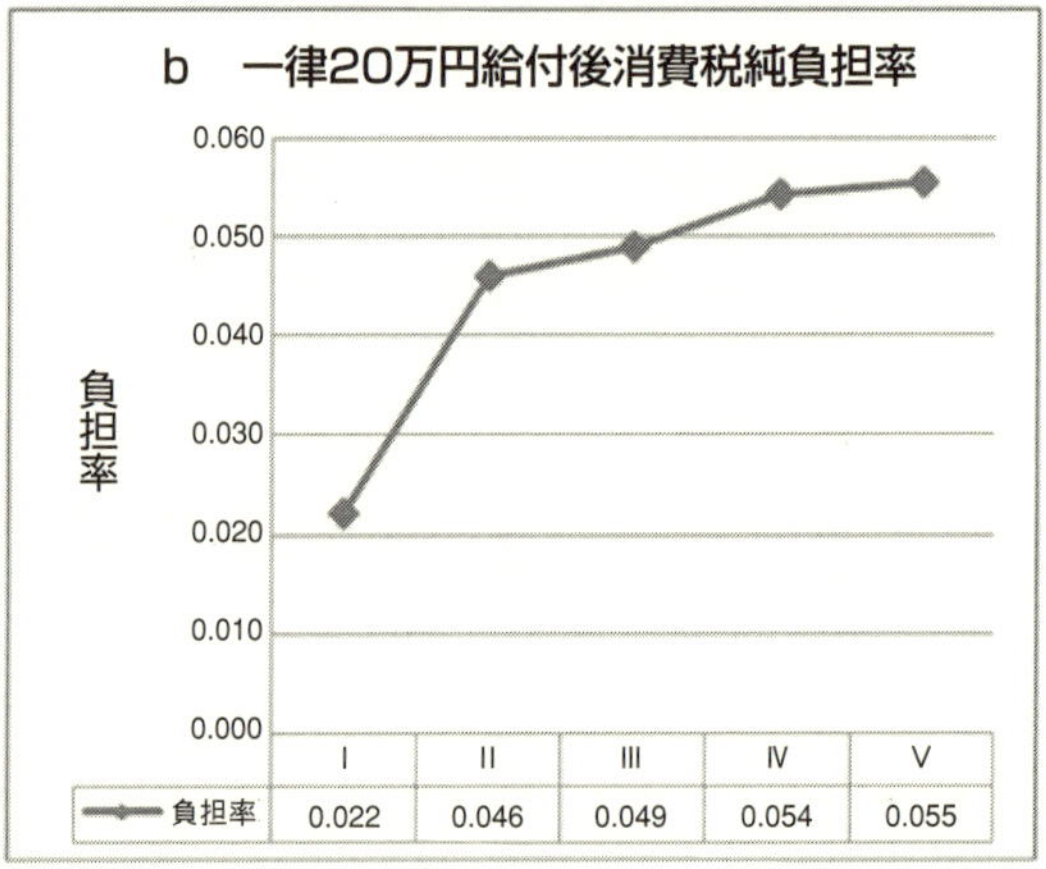

b　一律20万円給付後消費税純負担率

	Ⅰ	Ⅱ	Ⅲ	Ⅳ	Ⅴ
負担率	0.022	0.046	0.049	0.054	0.055

注：筆者が作成

出所：総務省「家計調査年報平成21年度版（勤労世帯）」による。家計調査＞家計収支編＞総世帯＞詳細結果表＞年次＞2009年

その結果、20万円の給付額を差し引いた「純負担額」は、0メモリより上に示されている（消費税負担額―社会保障給付額＝純負担額）。

これを見ると、所得階層が低いほど、給付前の「当初負担額」と比較した「純負担額」の大きさが小さくなる。言い換えれば、社会保障給付額が消費税負担額を相殺して、社会保障から受け取る恩恵が大きくなる。

元々毎月の消費税負担額の少ない最低所得の第Ⅰ所得階層（次章39頁～参照）では、消費税負担額と社会保障受取額がほぼ等しくなるため、純支出額はごくわずかとなる。つまり、社会保障受取額の大きさが消費税負担額のそれに迫るため、実質的な負担額は減少し、消費税の純負担額はわずかになる。

▼bの図：階層別「純受取額」の負担率は累進的

bの「折れ線グラフ」では、社会保障給付後の階層別の消費税「受取額」を所得で割った「負担率」が示されている。これを見ると、所得が上昇するにつれて消費税「負担率」が上昇するため、階層別消費税負担率が「累進的」になっていることが分かる。

▼消費税が高税率で還付額が多いほど、公平性は高まる

以上のように消費税収入を全階層に平等に給付する場合、消費税率が高く、それに応じて還付額が多いほど、各階層の負担率の累進性は高まる。現行消費税率5％：5万円還付よりも、消費税率10％：10万円還付、本書の事例の消費税率20％：還付額20万円、消費税率30％、30万円還付として、税率と還付額が大きいほど、「純負担率」の累進度が高くなるのである。

この結果が生じる理由は、高所得層が低所得層の2・79倍の消費税額を支払う（次章参照）という、元々の消費税の階層別負担の公平性に原因がある。つまり、消費税の公平性は、階層別の「消費税負担率」ばかりを問題にすると見えてこないが、「負担額」を見ると明白になる。

この場合の公平性は、高所得階層の方がより多くの消費税を支払うのだから、「豊かなものがより多く負担する」という「垂直的公平」の原則にもかなっていることになる。

▼現行消費税は社会保障に限定支出

平成9年の消費税率5％への増税に対応して、平成11年以降の予算では、消費税の収入が充てられる経費（地方交付税交付金を除く）の範囲を、基礎年金、老人医療、介護の老人関連3項目に限定することを予算総則に規定している。[1]

政府サイドによる消費税の公平性に関する考え方によると、「消費税は逆進性を持つため、低所得

者に不利な税制」と認めている。そこで、消費税の徴収面で「逆進性」が引き起こす不公平問題の解決方法として、社会保障費として支出することで解決しようとしている。

これまで見たように、社会保障費の支出によって、消費税の税収配分が各階層に一律になされたと仮定した場合でも、歳入・歳出全体を通じた公平性は高まる。それは、低所得者の税負担額は高所得者のそれよりも低いため、同じ金額が配分されれば、低所得者ほど有利になるからである。さらに、生活保護や失業手当等を通じて税収が低所得者に有利に配分されるほど、消費税の公平性はいっそう高まることになる。

▼社会保障目的税化は必須ではないが効果的

政府は、近い将来の消費税10％増税に際しては、増税への国民の理解を得るために、消費税を「社会保障目的税」として、その支出を社会保障目的に限定することを検討中である。

ただし以上のように、消費税収入の使途も考慮すれば、消費税は従来言われてきたような「逆進税制」ではなく、累進的になることが明確に示されている。そうすると、低所得者に対する公平性を確保するために、消費税を福祉目的税として社会保障費に限定的に支出する必要は全くないという理屈になる。

将来、消費税率が20％以上にアップした場合、消費税収入が歳出の中の社会保障費を超過して増収される可能性が強い。すると、その税収のすべてを社会保障費という一つの項目だけに支出することは困難になる。その場合でも、消費税収入の一部を社会保障費として支出すれば、少なくとも再分配後には十分な負担の累進性が確保できる。

つまり、低所得者に対する公平性を確保するために、消費税を福祉目的税として全額社会保障費に限定的に支出することは必須ではないが効果的な方策である、という理屈になる（増税する場合のシミュレーションは第3章第2節70頁~を参照）。

それでは、消費税の社会保障費としての税収配分がなければ、本当に消費税は「逆進性」があり、不公平なのだろうか。それを次章から見ていこう。

第2章　消費者統計で見る公平さの実態

第1節　高所得層の方が多く負担

1　高所得者ほど消費税額を多く負担：階層別実額負担額は累進的

▼aの図：所得額について

次頁の図aには、平成21年度の勤労者世帯を年収別に5段階に分け、その階層別の消費税支払い額が示されている。第Ⅰ分位の最低所得層の平均月収22・9万円（年収275万円）と第Ⅴ分位の最高所得層の平均月収79・2万円（年収950万円）との所得格差倍率は、3・46倍にすぎない。

このことから、日本の勤労者世帯の所得格差は極めて小さいことが分かる。

図2-1　高額所得者ほど消費税を支払っている

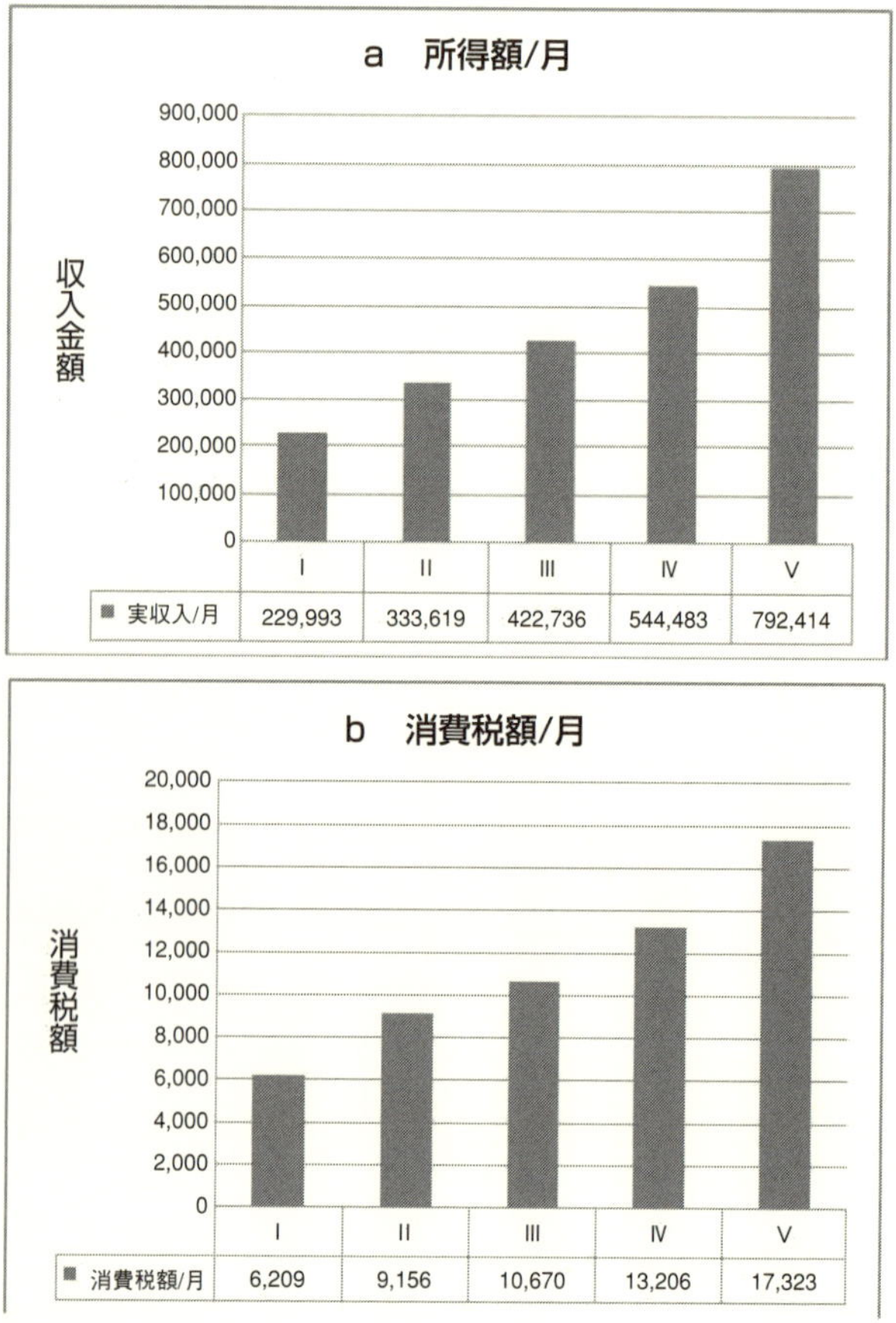

注：筆者が作成

出所：総務省「家計調査年報平成21年度版（勤労世帯）」による。家計調査＞家計収支編＞総世帯＞詳細結果表＞年次＞2009年

▼bの図：消費税負担額

図bで消費税負担額を見ると、最高所得者層の消費税負担額１カ月１万７３２３円（年額20万７８７６円）の方が、最低所得層の１カ月６２０９円（年額７万４５０８円）よりも約２・79倍高いため、何ら不公平は存在していない。消費税は、「負担能力のある人の方が多く負担する」という応能負担原則を十分に満たしていることになる。

▼不公平論普及の原因：負担額と負担率の取り違え

消費税反対論が国民に受け入れやすかった理由は、「消費税は逆進性によって低所得者の負担率が大きい」という主張が説得的だったからである。この標語がメディア等で取り上げられる際に、「低所得者の負担が大きい」という省略的な表現で語られることが多い。それを聞くと、大半の国民は「低所得者の負担額」が大きいと誤解しがちである。そのことも、反対論を助長する大きな要因になっている。

実際には高所得者ほど消費税負担額が大きく、低所得者ほど負担額が低い。たとえば、最高所得階層は最低所得階層の約２・79倍の消費税を支払っている。しかしメディアの報道や討論では、負担率の逆進性が毎日のように喧しく紹介・議論されていることと比べて、この点は全く無視されている。

いかなる税目であれ、負担の公平について論じる際には、「負担額」と「負担率」の両方の側面から議論すべきである。この基本認識があれば、一方的な消費税不公平論は生まれなかったであろう。

消費税の負担額は、消費額に比例するのだから、商品購入の多い高所得者ほど負担額が大きくなることは、言うまでもない。消費税負担の公平性の基準を負担額に置くなら、高所得者は低所得者の約2・79倍の消費税を支払っているのだから、全く公平である。高所得者がより多く支払うべきだという「垂直的公平」基準で測っても、公平性の基準を立派に満たしている。

2　低所得階層の消費税負担額は少ない

▼最高所得階層は最低所得階層の2・79倍を負担

左の図表は、総務省の平成21年度の家計調査によって分類された5段階の年収区分を示す。この調査は、総務省が毎年実施する多くの世帯を対象としたアンケートの調査結果に基づいて、そのうち勤労者について集計した結果である。

本書で「勤労者世帯の表」を用いる理由は、そこには租税や社会保険料負担額が示されているからである。これは慣例にしたがったやり方であり、「総世帯の表」と多少の数値が異なるだけであり、すべての結論は同様になる。

表　5段階の年収区分

	Ⅰ	Ⅱ	Ⅲ	Ⅳ	Ⅴ
収入階層(年収)	全体の20% ～ 3,520,000	全体の20% 3,520,000 ～ 4,920,000	全体の20% 4,920,000 ～ 6,450,000	全体の20% 6,450,000 ～ 8,640,000	全体の20% 8,640,000 ～

出所：総務省『家計調査年報平成21年度版（勤労世帯）』による

図2-2　収入階層別消費税負担割合

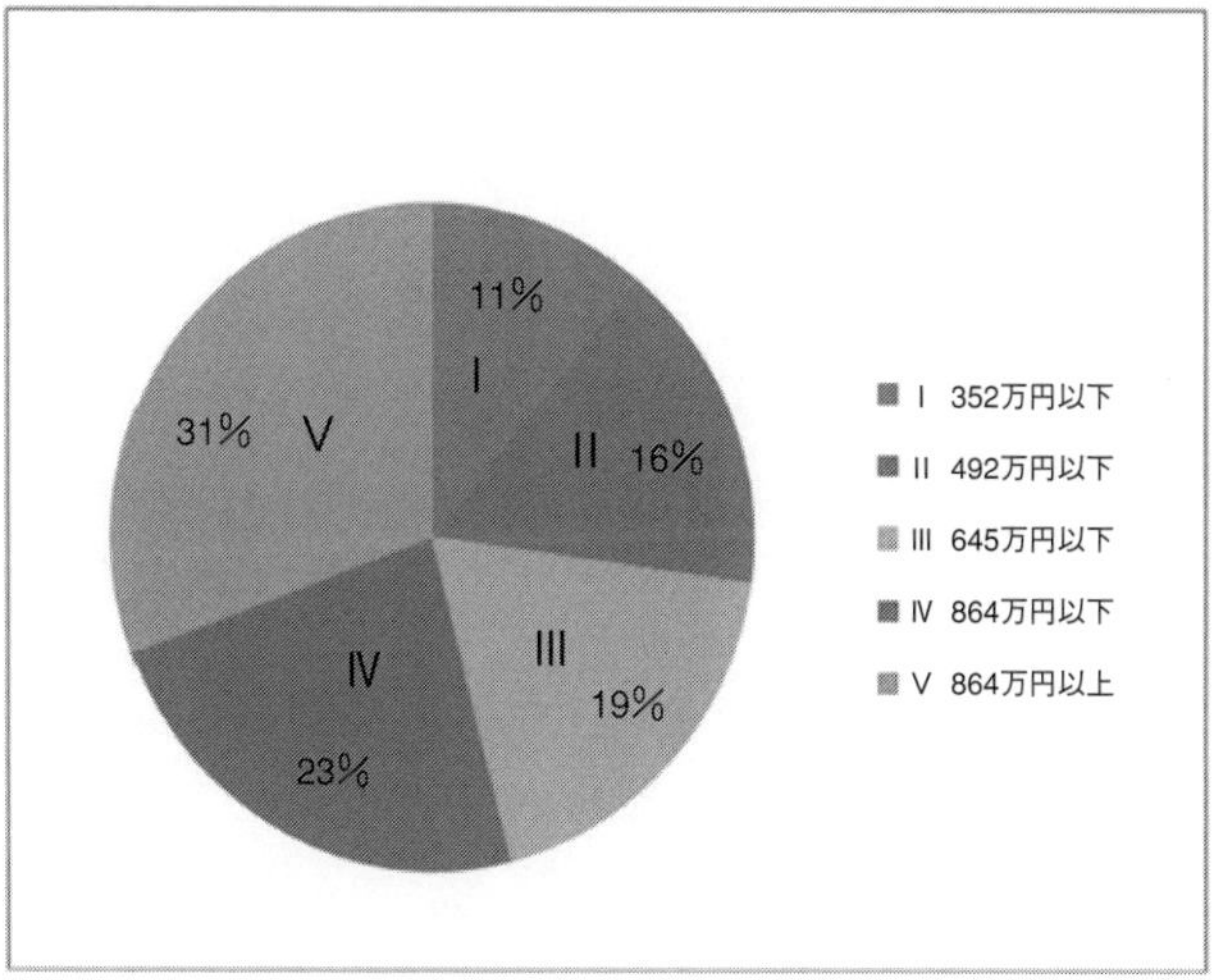

注：総務省平成21年度家計調査（勤労世帯）数値に基づいて、
筆者が作成

この表はたとえて言えば、一つの細長いロールケーキを均等な長さで5分割するやり方に似ている。つまり日本の全階層について、その全人口を世帯別に20％ずつの均等な大きさに5分割して作成されている。

その結果、第Ⅰ階層（最低所得層）352万円以下、第Ⅱ階層352～492万円、第Ⅲ階層（中所得者）492万円～645万円、第Ⅳ階層645万円～864万円、第Ⅴ階層864万円以上（最高所得層）という区分になった。

この表は、本書のこれ以降のすべての図表に共通した階層別収入区分となる。

図2－2の円グラフは、その上の表をグラフ化したものである。所得階層別の消費税負担割合が示されている。それを見ると、日本全体の家計が負担する消費税額約6兆円について、各所得階層が負担する消費税額の割合が示されている。所得階層が上昇するにつれて消費税負担割合が上昇することが分かる。

年収352万円以下の低所得階層が全体のわずか11％しか負担していないのに対して、年収864万円以上の最高所得階層では、同じ世帯数でありながら、全体の31％を負担している。そうすると、最高所得階層は、最低所得階層に比べると、消費税額を3倍程度負担していることになる。階層別所得税負担割合を見れば、何ら不公平はないことになる。

▼「負担率」より「負担額」

第4章でも見るが、この場合仮に「負担率の逆進性」が存在したとしても実質的には何の意味もない。なぜなら、その場合でも、実際に消費税額を多く負担しているのは高所得者であることに変わりはなく、それを示すための客観的な指標として、所得階層間の「負担額の累進性」が存在するからである。つまり、低所得者の消費税負担の大きさを決めるのは「負担額」であり、「負担率」ではない。

消費税「負担率」を強調することに意味があるとすれば、低所得者層が高所得者層よりも「負担率」が高いことを知って、税負担の苦しみを意味する「税痛」が高まるといったことである。この傾向は、消費税反対運動の高まりを背景とした不公平論の普及によって、意図的にもたらされた日本特有の現象にすぎない。本書を読んで、納税者が消費税の公平性を認識すれば、この場合の税痛は減少するはずである。

▼消費税「負担額」に見る所得再分配効果の高さ

たしかに、各階層の所得に占める消費税の「負担率」を見る（56頁参照）と、低所得者の負担率の方が若干高くなる傾向にあるため、消費税負担をめぐる租税による再分配効果は少ないと見られている。ただし、各階層の消費税「負担額」の面から見れば、低所得者よりも高所得者の負担額の方がはるかに大きいため、消費税による所得再分配効果が高いことが認められる。

くり返すが、この場合の公平性は、高所得階層の方がより多くの消費税を支払うのだから、「豊かなものがより多く負担する」という「垂直的公平」の租税原則にもかなっていることになる。

3 所得階層別所得額と消費額

左の図aを見ると、所得階層が高くなるにつれて、消費額も増大傾向にあることが分かる。ただし、所得が高くなるにつれて収入を貯蓄等にまわす余裕ができるため、消費の伸び率は逓減する。言い換えれば、所得が高くなるにつれて所得に占める消費税額つまり消費税負担率が低下するため、いわゆる「逆進性」と非難される現象が生じるように見える。

図bには、消費支出額について、消費税の課税対象となる「課税対象消費額」と課税対象とはならない「非課税消費額」に分けて、示されている。非課税消費額に限定すると、第Ⅰ所得階層に対する第Ⅴ所得階層の倍率が2・07倍と差が少ないのに対して、課税消費支出に限定した場合の倍率は2・79倍と差が大きくなっている。これを見ると、非課税品目の中での階層間の税負担格差は少ないため、それを設けたことによって、低所得者の税負担がやや軽減されていることになる。

ただし各階層の総消費に非課税消費支出が占める割合は小さいため、課税消費支出の大きな差が総消費支出の差となって反映されていることになる。

図2-3　所得階層別所得額と消費額

a　所得階層別所得額と消費税

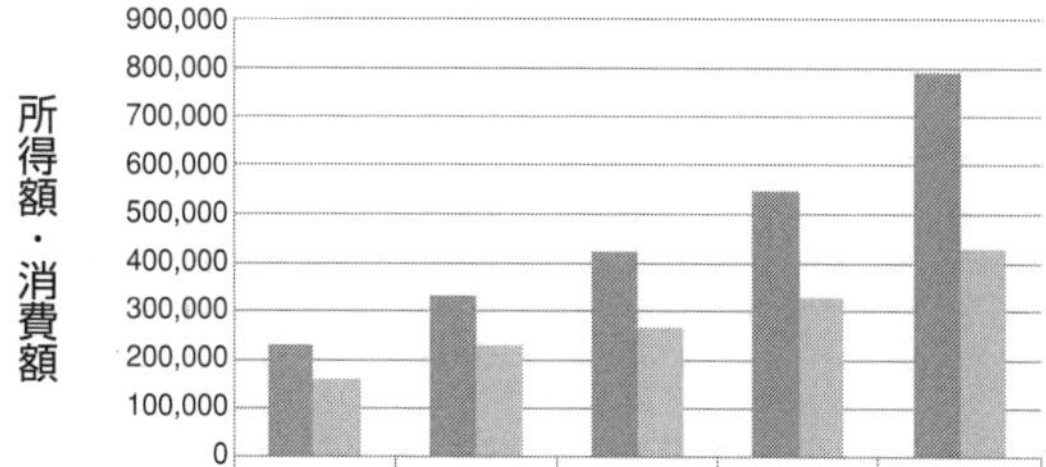

	I	II	III	IV	V
実収入/月	229,993	333,619	422,733	544,483	792,414
消費支出総額	162,082	230,743	328,216	328,216	429,431

b　階層別消費支出額

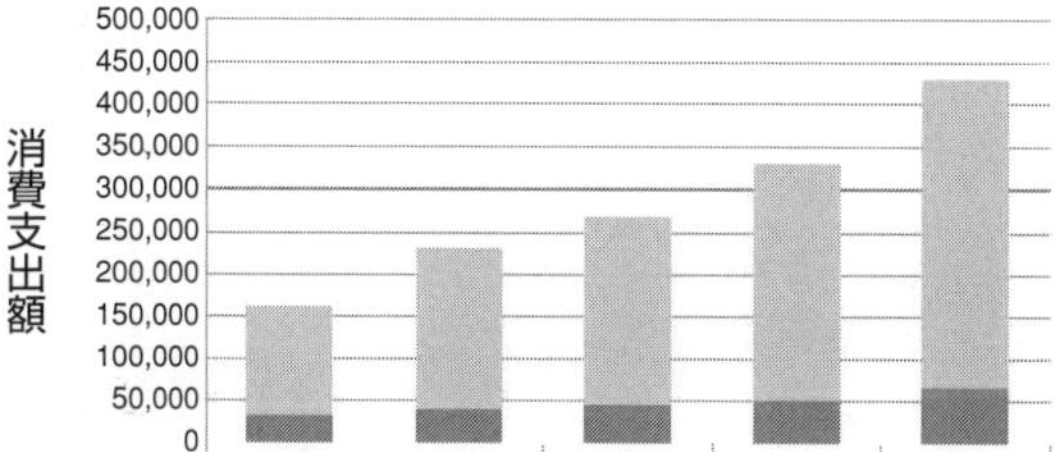

	I	II	III	IV	V
課税対象	130,383	192,270	224,078	277,317	363,784
非課税	31,694	38,473	43,874	50,899	65,647

注１：aには、5段階の階層別にみた「所得額（高い方）」と「消費額（低い方）」が示されている

注２：bには、階層別消費支出額について、「課税対象消費」と「非課税消費」に分けて示されている。非課税品目には、住居の家賃、健康保険対象医療費、学校教育法上の教育費などが含まれる

注３：総務省平成21年度家計調査（勤労世帯）数値に基づいて、筆者が作成

4　増税すれば高所得者の税負担額ほど大きいため、公平

▼増税で不公平にはならない

メディアの消費税論議を聞いていると「消費税増税は低所得者に不利」という点だけが強調されている。前述のようにこれは、消費税の階層別「負担率」だけを問題にして「負担額」について目をつぶったために生じた誤解である。消費税負担額に着目すれば、増税後の負担額は所得が大きくなるほど多くなることは明白である。

実際には、所得階層の5段階区分で見ると、最高所得階層の消費額とそれに対応した消費税負担額は最低所得階層の3倍近くにものぼる。各階層の消費内容、家族構成や生活パターン、商品に対する嗜好性が同様であっても、平均的に見れば、高所得者の支払う消費税額の方が低所得者のそれよりも多くなることは、古今東西を問わず普遍的に妥当するのである。

所得格差に基づく消費額の格差は、歴然としている。高所得者の購入商品には高額商品の占める割合が多いため、それに課税される高額の消費税についても、その多くを高所得者が支払うことになる。

▼事例：高所得者の消費金額と消費税負担額は大きい

高所得者と低所得者の購入商品を比べると、同様の商品でも価格差が大きい。たとえば、高所得者が購入するダイヤモンドの指輪と低所得者が購入する人造ダイヤの指輪、同様に金のネックレスとイミテーションのネックレス、ミンクなどの高級毛皮と化学繊維の毛皮、本牛皮のコートと人口皮革のコート等では、価格に数十倍の開きがあるため、消費税支払い額にも同様の格差がある。

自動車の購入価格をみても、高額所得者の購入する高級外国車と低所得者の購入する国産大衆車の中古車では、価格に数十倍の開きがある。

同じ用途の家具を購入する場合でも、高所得者は、高級家具店やデパートで、西欧からの高級輸入家具や日本製の手作り木工家具等を購入する。それに対して低所得者は、量販店やスーパーなどで、途上国で製造した格安の合板組み立て家具を購入することが多い（104頁、107頁参照）。

そのため、消費税の税率をアップすれば、高所得階層の方が消費税をより多く支払うことは明白である。消費税の税率アップによって生活必需品にも重課税されたとしても、低所得者だけの負担をふやすことはありえない。これらのことに着目すれば、消費税が不公平とは言えない。

見方をかえれば、高所得者の消費額が多いことを前提にすれば、消費税の増税を断念し続けることは、高額商品を購入する機会の多い高所得者に対する絶好の課税機会を逃していることになる。

第2節　個人負担と歳出も含めた公平

1　世帯及び1人当たりの平均消費税負担額

▼平成21年度　家計調査（勤労者世帯）全家計平均負担額

次の表は、総務省「家計調査年報　平成21年度版（勤労世帯）[注]」による分析である。これを参考にして、各階層ごとの所得額と消費額の大きさを見ておきたい。各階層を平均した1カ月当たりの所得額は46万4649円であり、負担する消費税額の平均は1万1312円になる。

消費税額の算出方法は以下のようになる。平均で見ると、1カ月当たりの消費支出額は28万3685円である。そこから非課税品目4万6118円を差し引き、その後で税率5／105を掛けると、1カ月当たりの当たりの消費税額1万1312円が算出される。5％ではなく5／105を掛ける理由は、商品購入金額に「内税」として消費税が含まれていると考えられるからである。これに12カ月を掛けると、1年間の消費税額13万5744円が算出される。

以上の消費税の課税対象とならない非課税消費品目としては、（1）住居費（家賃・地代等）2万1797円、（2）保険医療費9970円、（3）公的教育費1万4351円を合計した4万6111

第1表　全階層平均世帯当たり消費税負担額/1カ月

消費支出総額	283,685
課税対象消費額	237,567
非課税消費額	46,118
消費税額	11,312／月×12＝135,744／年

※消費税額＝課税対象消費額×5/105
注：総務省平成21年度家計調査（勤労世帯）数値に基づいて、筆者が作成

第2表　全階層平均１人当たり消費税負担額

全階層平均消費税負担額／月	11,312
平均世帯人員（家族の人数）	2.79
１人当たり消費税負担額/月	4,054
１人当たり消費税負担額/年	48,648

※１人当たり負担額＝世帯負担額÷世帯人員
注：総務省平成21年度家計調査（勤労世帯）数値に基づいて、筆者が作成

8円となる。

▼1人当たり平均負担額

この1世帯当たり1カ月分の消費税額1万1312円を平均世帯人員2・79人で割ると、1人当たり4054円となる。1カ月の1人当たり平均消費税負担額は、新聞代ほどのわずかな金額だと分かる。年間に換算しても4万8648円にすぎない。

税率がアップして現在の数倍の負担になったとしても、平均的家庭の生活に響くほどの金額ではない。現行の税率5%の消費税で、1人当たり1カ月4054円の負担なら、

注:以下の分析では、所得階層別の消費構造と消費税支払い額を分析するために、総務省の家計調査の階層別5分位統計データに基づいて説明する。この調査では、総世帯と勤労世帯の双方の数値が示されている。一般に、総世帯の方が包括的なデータを提供するのに適しているが、総世帯の方には、毎月の所得税等の直接税と社会保険料のデータが入っていない。そこで、それらの毎月の支払い額が示されている勤労者世帯統計を用いることとする。

税率10％で8108円、税率20％で1万6216円に増額するだけである。この程度の税負担で年金、医療、介護等の社会保障が格段に充実すれば、極めて低い負担で大きな行政サービスを受けることができるため、税負担よりも受け取りのほうがはるかに大きくなる。

2　勤労世帯の消費税負担額計算（平成21年度）

▼実収入と統計上の納税額の相違：年間1人当たりの計算

以上の1人当たり年間消費税負担額約4万8648円に日本国民の人口1・3億人を掛けると、消費者統計上の消費税負担額が、4万8648円×1・3億人＝6兆3242億円と計算される。

平成21年度の国の消費税収入は、決算：徴収決定済額で9兆8075億円となっている。それに地方消費税額2兆4130億円が加わると、総額12兆2205億円になる。この金額から、統計上の消費者負担額6兆3242億円を差し引くと、その差額が5兆8963億円になる。この差額をいったい誰が負担しているのだろうか。

結論として、この差額5兆8963億円は、商品を廉価販売するなどの場合に、小売業者側が負担していることになる。

それ以外には、企業と政府が設備や備品などを購入する際に、負担しているという理屈になる。

これについては第6章で述べるが、この企業や政府が負担した消費税は、その後、様々な税務処理によって負担が軽減されたとしても、それらを負担した事実に変わりはない。ただし、それを解明することは、本書の課題ではない。

本書では、家計消費統計に基づいて、消費税の最終負担者である消費者の税負担を解明している。その場合、課税対象消費項目で消費税が納税者である事業者から消費者に全て転嫁されたことを前提として計算することが多い。

一般的な経済理論を反映した本書の論旨からすれば、消費税のかなりの部分は消費者に転嫁されずに納税義務者である小売業者が負担していることになる。つまり、消費者は商品価格に転嫁された租税部分に限定して負担しているだけである。

第3章　「逆進性」は統計上存在するか？

第1節　逆進性の統計実態を検証する

1　「逆進性」の統計上の実態

(1)　使用した統計資料

従来から、消費税の階層別負担構造には、低所得者の負担率が高くなるため、いわゆる「逆進性」があると言われてきた。果たしてその実態はどうか。

次頁の図表には、平成21年度の勤労者世帯の5段階の階層別消費税支払い額が示されている。この消費税額算出の基になっているのは、各階層ごとの毎月の課税対象品目についての支出額である。

図3-1　所得・消費税額と負担率

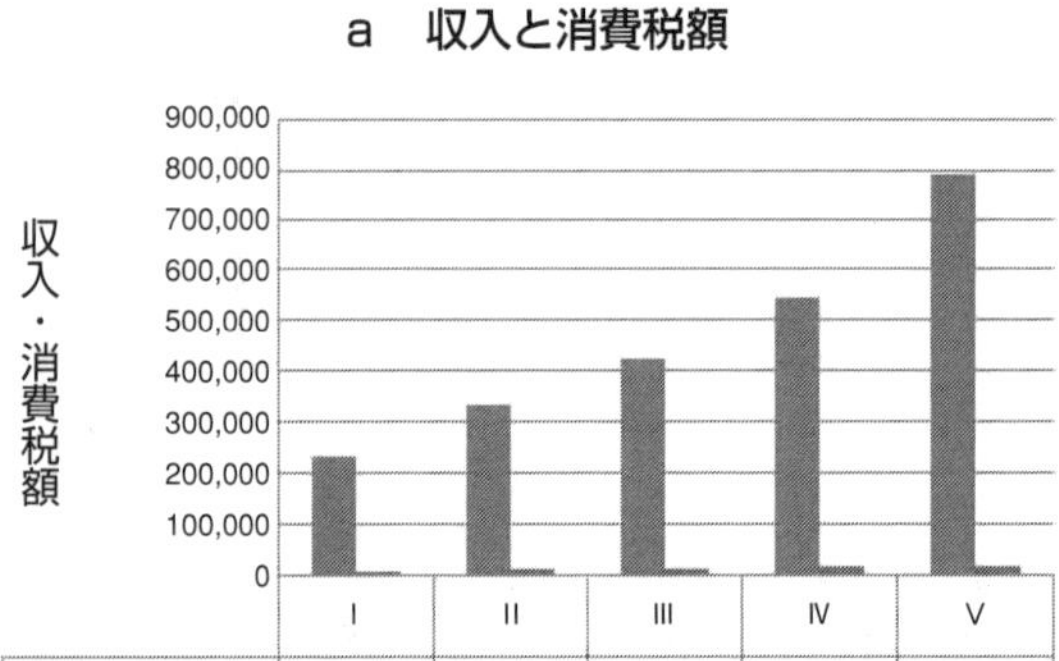

	I	II	III	IV	V
■ 実収入/月	229,993	333,619	422,736	544,483	792,414
■ 消費税額/月	6,209	9,156	10,670	13,206	17,323

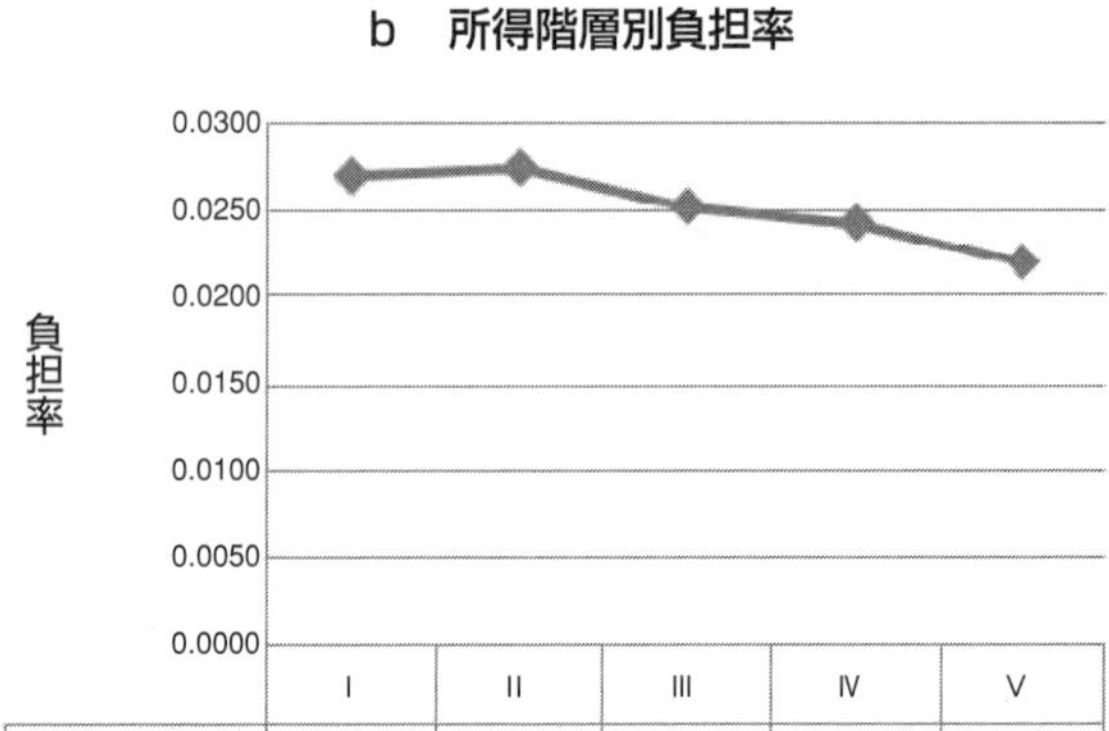

	I	II	III	IV	V
負担率	0.0270	0.0274	0.0252	0.0243	0.0219

注：筆者が作成
出所：総務省『家計調査（勤労者世帯）平成21年版』による
家計調査＞家計収支編＞総世帯＞詳細結果表＞年次＞2009年＞4．年間収入五分位・十分位階級別総世帯・勤労者世帯（総世帯統計には年齢階層別収入や所得税額が示されないため、「勤労者世帯統計」を用いる）

この支出額には消費税が含まれるため、「税込支出額」となる。各階層ごとの購入品目のすべてについて、各流通段階で事業者が納税した消費税額が100％転嫁されていると仮定しよう。そうすると、1カ月ごとの消費税額は、〔1カ月の消費税額×5／105＝消費税額〕として計算される。

この表では、第Ⅰ分位～第Ⅴ分位までの範囲で、世帯別に消費税負担額の大きさを比較している。それを見ると、第Ⅰ分位では、年収275万円（1カ月22万9993円、当該階層の平均値、以下同）に対する年間消費税負担額が7万4508円（1カ月6209円）である。それに対して、第Ⅴ分位は年収950万円（1カ月79万2414円）に対する年間消費税額が20万7876円（1カ月1万7323円）となっている（図3―1a参照）。

そうすると、両者の消費税負担額の比率格差は2・79倍となる。消費税の負担額の大きさで見ると、高所得者は十分多くの金額の消費税額を負担していることになる。

（2）「逆進性」の実態の説明と評価

▼①低―中所得階層（Ⅰ～Ⅱ）間では累進的

右の図の全体像を見ると、右側にいくほど高所得になり、それにつれて消費税負担額も大きくなるため、税負担額は右肩上がりの「累進的」になっている。

しかし所得階層が上昇しても、階層ごとの消費税負担額は所得の伸びほど大きくならないため、図bの負担率はいわゆる「逆進的」な負担構造になっている。

ただし低所得の2つの階層であるIとIIの中で見ると、階層別負担率は累進的に推移している。言い換えれば、所得が高く租税負担能力の高い階層の方が負担率が高い。これは「応能負担原則」にかなっているため、以上の「逆進性論」の観点から見ても全く問題は生じていない。

▼②中─高所得階層（II～V）間では「逆進的」：「負担率」の逆進性

最高所得階層（第V分位）の所得に占める消費税負担割合0・219は、低所得階層（第II分位）の0・0274と比較すると低下するため、前述の「逆進性」構造を示している。最低所得階層（第I分位）0・0270と比較するとやや格差は縮小するが、やはり「逆進性」が生じる。したがって、所得階層別の負担率を全体的な構造で見れば、「逆進性」が存在すると言える。

2　消費税負担格差の統計実態（勤労者世帯）

▼「逆進性論」では、各階層全面転嫁を仮定

ここでは、消費税の納税義務者である事業者に課税された消費税は、その全額が最終負担者である消費者に転嫁されることが、前提とされている。実際には、階層別の消費税負担率の相違によって、各階層に転嫁される消費税額の割合が異なるため、全額転嫁にはならないが、これについては

後述する（第6章）。

所得階層別に見ると、所得が増大するにつれて消費税負担額は増大するが、その反面、所得に占める消費税負担率は、0・01%以下の差とはいえわずかながら減少する傾向にある。消費税の消費者への全面転嫁を前提とする限り、負担率の逆進性は存在していると言える。

たしかに、所得階層が上昇するにつれて、税の負担額は上昇するにもかかわらず、所得に占める税負担割合を見ると、所得階層が上昇するほど消費税負担割合が低下している。この低所得者の負担率の高さをもって、「消費税の逆進性」ということはできる。そのため、所得に占める消費税負担率だけを見ると、低所得者に不公平のようにも見える。

その理由は、消費税の負担率を見ると、累進税率で課税される所得税とは違って、所得が上昇しても、所得に占める税負担率は増加しないからである。

しかしながら、消費税の負担額に注目すると、別の面が見えてくる。何度か述べたが、負担額は高所得層が多く負担しているのである。それは、高所得になるにつれて、必需品であれ贅沢品であれ、購入額がふえるからである。また、機能が同様の商品でも、所得階層が上昇するにつれて、良質で高額の商品を購入するため、購入金額が多くなるからである。

所得階層が違うと、購入する商品の品質と価格は異なる。低所得階層の消費内容には、生活必需品である食料品等の項目がやや大きい割合を占める。それに対して、高所得者の消費内容には、贅沢品やレジャー用品、宝飾品等が比較的多くなる。同じ必需品を代表する食料品の消費であっても、低所得者のそれは大衆的な商品であるのに対して、高額所得者のそれは高級品が多くなる。ただし階層別に消費する品目を厳密に区別できるわけではない。

3 「逆進性」の基本的説明

▼逆進性はごくわずか

先の図表bの「所得階層別負担率」は、いわば顕微鏡でしか見えない程度の階層間のごくわずかな累進度の違いを、拡大鏡に写すように大きく引き伸ばして、分かりやすく表示したものである。

この図aで明らかなように、所得階層が上昇するにつれて、支払う消費税額は上昇する。しかし、それとともに、所得に占める消費税負担率は、わずかに減少傾向をたどる。このことは所得税の累進性と対比されて、「逆進性」と呼ばれている。

「逆進性」問題が社会的に大問題となった理由は、日本では「租税は所得や財産等が多く負担能力の高いものほど多く負担すべし」とする「応能負担」の考えが強いためである。そうなった背景には、戦後日本の租税体系が、高所得者に厳しい累進所得税中心であったという歴史的背景がある。

累進課税制度は、戦後民主主義の理念を行財政面で制度化した昭和24年のシャウプ勧告の理念に沿ったものであった。戦後日本の１９６０年代の高度成長期を頂点とする年々のＧＤＰのパイの拡大に連動した高所得層の所得増大傾向が、世界に類を見ない「社会主義」とまで言われた高度累進課税を可能にしたのである。その頂点は、昭和44（1969）年の所得税の最高税率75％（課税所得6500万円超）に示されている。

同年の市町村民税所得割の最高税率が、課税所得5000万円超の場合の14％、同県民税の最高税率は150万円超の場合の4％となっている。これらをすべて加算した「個人所得課税の実効税率」は、93％となる。(2) これでは、所得のほとんどすべてが所得税として徴収されるため、文字通りの「社会主義的税制」と批判される通りの高所得者に重い租税負担構造になっていた。

ただし、実際の社会主義社会がその理念に反して平等でなかったことは、その後の歴史が証明している。このことは本書の課題ではないので割愛したい。

4　階層別1人当たりの消費税負担額

(1)　階層別1人当たり「所得額」比較

▼1世帯平均負担額を個人平均負担額に直すと

前出の第1表（51頁参照）によれば、現行5％消費税の1世帯当たり平均消費税負担額は1万312円／月となっている。これを年平均負担額に直すと、13万5744円／年となる。この年額を平均世帯人員2・79人で割ると、1人当たり平均負担額が4万8653円と算出される。

図3-2　階層別1人当たり所得額・消費税額

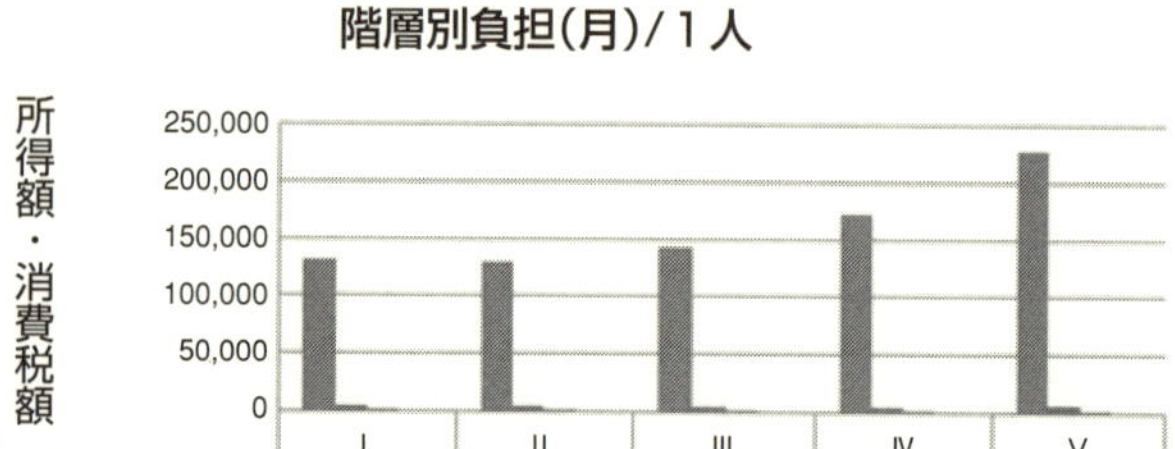

	I	II	III	IV	V
■ 所得/1人	130,678	130,312	144,276	170,683	228,360
■ 消費税/1人	3,528	3,577	3,642	4,140	4,992
■ 階層別世帯人員	1.76	2.56	2.93	3.19	3.47
■ 負担率/1人	0.0283	0.0288	0.0265	0.0255	0.0230

注：筆者が作成
出所：総務省『家計調査（勤労者世帯）平成21年版』による
家計調査＞家計収支編＞総世帯＞詳細結果表＞年次＞2009年＞4. 年間収入五分位・十分位階級別総世帯・勤労者世帯（総世帯統計には年齢階層別収入や所得税額が示されないため、「勤労者世帯統計」を用いる）

これまでの議論では、各階層の世帯人員、つまり家族数の多寡を考慮しないで分析してきた。しかし実際には、階層ごとに世帯人員数が異なり、所得が低いほど養うべき家族が少なく、所得が高くなるにつれて、それが多くなる。

同様の『家計調査』によれば、世帯人員は、第Ⅰ階層（最低所得）1・76、第Ⅱ階層2・56、第Ⅲ階層2・93、第Ⅳ階層3・19、第Ⅴ階層（最高所得）3・47と、所得階層が高くなるにつれて増加していく。そのため、最低所得層の家族人員数1・76人と最高所得層の家族人員数3・47人とでは、家族の人員数に2倍近くの開きがある。

この表を見ると、所得格差に応じて、階層ごとに異なる家族構成の姿が分かる。つまり、低所得層には単身世帯や夫婦世帯が多く、高所得層には夫婦子供2人の標準家族が多いことが分かる。そうすると、各階層間の所得格差と思われていた実態の多くの部分は、家族構成の相違に由来するにすぎないことが分かる。要するに、家族の多い世帯は所得も消費も多く、家族が少ない世帯は、両者ともに少ないのである。

図3-2では、各階層の所得を世帯人員で割って1人当たり所得で比較すると、それが最も低い第Ⅰ階層の13万0678円と、それが最も高い第Ⅴ階層の22万8360円の倍率格差は、1・75倍に縮小する。これを見ると、日本社会がいかに階層間の所得格差が少ない平等な社会であるかが、良く分かる。

▼世帯所得格差は高いが個人所得格差は低い

以上の階層ごとの世帯人員の相違を考慮すると、1人当たりの所得格差は低くなる。前述の図3-1（56頁）のように、世帯ごとの比較による階層ごとの所得格差は、最高所得階層／最低所得階層＝3・45倍と高い。それに対して、1人当たりのそれは1・75倍と半減するのである。

世帯間で比較すると階層ごとの3倍以上の大きな所得格差が生じる原因は、階層ごとの世帯人員の相違にあることが分かる。言い換えれば、低所得階層には独身者や離婚者、孤独な老人等の単身世帯が多い。それに対して、高所得者には、夫婦世帯や夫婦子供世帯等の大家族が多いのである。

この場合、高所得といっても家族数の分だけ消費支出額が大きいため、それほど豊かな生活をしているわけではない。つまり、1人当たりの所得で見た場合も、日本社会が平等な社会であることが分かる。

(2) 階層別1人当たり「消費税負担額」比較

図3-2(62頁)では同様に、所得階層別の世帯人員で割った1人当たり所得額と消費税額が、示されている。各所得階層が世帯別に支払う消費税額を各階層ごとに異なる世帯人員数で割ると、1人当たり消費税負担額が算出される。それを見ると、1人当たり消費税負担額が最も低い第I階層の3528円と、それが最も高い第V階層の4992円の格差は1・41倍となる。

各階層の世帯別に比較した場合の消費税負担格差は2・79倍なので、1人当たりで見た場合の所得階層間の格差は半減していることになる。

(3) 階層別1人当たり「消費税負担率」比較

1人当たりで見た階層別消費税負担率については、先に示した世帯別のそれと全く同じ数値になる。負担率が最も低い第V階層の0・0230を最も高い第I階層の0・0283で割った「格差倍率」は0・81となる。(図3-2[62頁]参照)

他方、世帯別に見た消費税負担率は、それが最も低い第V階層の0・0219を、それが最も高い第I階層の0・0270で割ると、「格差倍率」は0・81となる（図3-1b［56頁］参照）。

そうなる理由は、各世帯の分母である所得額と、同様に分子である消費税額に対して、各世帯ごとに固有の「世帯人員」という同じ値で割ったからである。分かりやすく言えば、分母の所得額と分子の消費税額とを「世帯人員」という同じ数字で割ったからである。要するに、分母と分子を同じ数字で割れば、その解答は割る前と同じ数字になるからである。

▼高所得者は、大家族相応の所得で相応の支出

たしかに、高所得階層になるにつれて、所得が増大して豊かになる。しかし、その分養うべき世帯人員数、つまり家族数が多くなり、それにつれて消費支出がふえるので、生活が大変になる面もある。そのため、1人当たりで見ると、階層別所得額も同消費税額も、双方とも格差が低くなる。

もちろん前述のように、その場合の各階層の所得額に占める消費税額、つまり1人当たりの消費税負担率は、世帯別のそれと全く同じ数値になる。

5　高所得層に厳しい所得課税と消費税の重層的負担

▼消費税＋《プラス》所得税：「負担額」と「負担率」

左の図ａでは、階層別に区分した所得税と消費税の「合算負担額」の比較が示されている。また

ｂには両税の「合算負担率」の比較が示されている。

ここで示された「所得税等」とは、所得税と住民税を足した所得課税全体を意味する。それで見ると、最高所得層は、最低所得層の９・02倍も「所得税等」を負担していることが分かる。

同様に最高所得層は、消費税負担額で見ると、「所得税等」と比較すると倍率は低いが、２・79倍を負担している。両者を足した負担額を見ると、６・55倍を支払っている。

つまり、高所得層は、所得税と消費税の合算額で、負担能力に見合った租税負担をしている。高所得層は、これ以外にも相続税等の資産課税を負担するので、負担額はより大きくなる。

以上のように租税全体を含めた階層別負担構造を見ると、「負担能力に応じて税を負担すべし」という「応能負担原則」や「高所得者がより多く負担すべし」とする「垂直的公平の原則」に十分にかなっているため、どこから見ても不公平ということはあり得ない。

図3-3　階層別所得税・消費税負担額

a　階層別所得税・消費税負担額

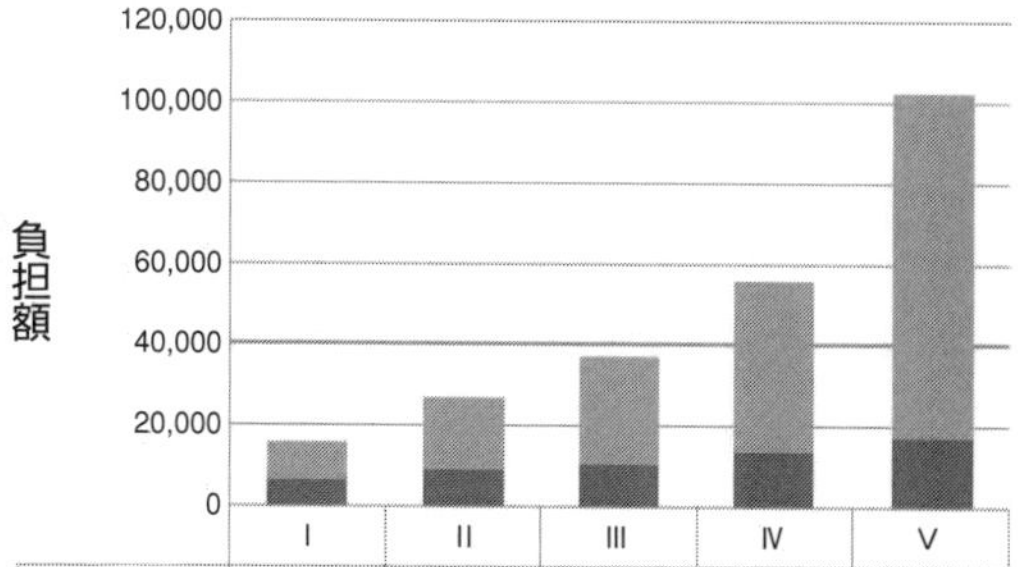

	I	II	III	IV	V
所得税等/月	9,439	17,571	26,303	42,775	85,129
消費税/月	6,209	9,166	10,670	13,206	17,323

b　階層別所得税・消費税負担率

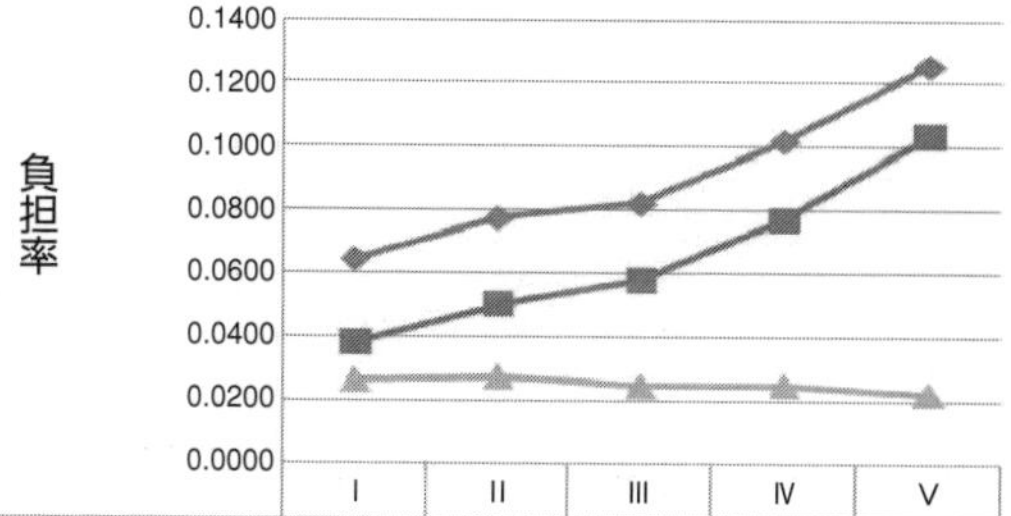

	I	II	III	IV	V
両税/所得	0.0645	0.0775	0.0822	0.1019	0.1254
所得税等/所得	0.0381	0.0501	0.0576	0.0770	0.1034
消費税/所得	0.0270	0.0274	0.0252	0.0243	0.0219

出所：総務省『家計調査（勤労者世帯）平成21年版』による
家計調査＞家計収支編＞総世帯＞詳細結果表＞年次＞2009年＞4．年間収入五分位・十分位階級別総世帯・勤労者世帯（総世帯統計には年齢階層別収入や所得税額が示されないため、「勤労者世帯統計」を用いる）
注：筆者が作成

▼高額所得層の高額の所得税には所得控除が少ないことも寄与

高額所得者の所得税が高額になる理由は、高税率の累進性が適用されるためだけではない。給与所得者は、経費に相当する給与所得控除が課税所得から差し引かれるが、高所得者になるにつれて、その控除額が減少する。また配偶者控除、扶養控除等の各種所得控除や住宅ローン控除等の税額控除等の税額軽減の恩恵を受ける機会が減ることにより、所得税負担額がますます増大するからである。

▼消費税の逆進度はきわめて穏やか

図3 - 3bの図で分かるように、所得税の累進性の度合いは所得階層が上昇するにつれて急階段で上昇するのに対して、消費税の逆進度はきわめて緩やかであり、ほとんどフラットに近いのが、その実態である。このわずかな逆進性は無視できるほど軽微な大きさであり、租税体系全体における所得階層間の再分配に影響を与えるほど大きなものではない。

高所得階層の消費税負担額は、税額で見ると低所得者の約2・79倍と大きいのに対して、逆進性の度合いは無視できるほど小さいため、消費税が特に低所得者の負担を重くしているわけではない。

たしかに、所得階層別の消費税負担率には、わずかな逆進性が認められる。消費税の税率格差を見ると、最高所得階層（第V分位）の所得に占める税負担割合0・0219を最低所得階層（第I

分位）のそれ０・０２７０と比較すると、その差額はわずかな比率にすぎない。

第Ⅰ分位の負担率を１とした場合の第Ⅴ分位の負担率は、〔最高所得者負担率０・０２１９／最低所得者負担率０・０２７０＝〕０・81とわずかに低くなるにすぎない。

それに対して、所得税における所得階層別の負担格差は大きい。所得税では、最高所得階層の所得に占める税負担割合０・１０３４と最低所得階層のそれ０・０３８１との格差は、約２・７倍と非常に大きい。

したがって、総合的な見地から、所得階層間の両税を加算した負担率格差を見ると、所得税等の所得課税間の大きな格差を消費税間のわずかな格差が、くつがえすほど不公平な結果ではないという結論になる。

▼両税合算負担率の比較

最大の論点は、消費税が、税体系全体として、個人所得課税（国所得税＋地方住民税）の大きな累進性を打ち消すような不公平な税かどうかである。基幹税制である所得税は、所得割合に対して極度の累進性を持っている。所得税等と消費税の両者の負担を足した合算数値で、低所得者と高所得者との間での合算負担率の変化を見るとどうか。

たしかに、消費税は上述のように、負担率だけで見るとわずかな逆進性がある。しかし消費税額に所得税等の直接税額を加えた合算負担率を見ると、やはり高所得者の負担率の方が低所得者よりもかなり高い。そうすると、消費税は所得課税の累進性を打ち消すほどの不公平な税制ではないことが分かる。

第2節　増税後の階層別負担と「逆進率」の変化

1　増税しても「逆進率」は同じ——10％、20％増税の事例

▼税率がアップすると「逆進性」はどうなる

現行消費税は5％の低税率なので、「逆進性」が存在したとしても、低所得階層の消費税負担率は高所得階層のそれと比較するとやや高いが、その格差は微小である。

今後、消費税率がアップした場合に、各階層間の負担率格差は、どのように変動するのだろうか。結論から述べると、増税後の所得に占める消費税負担率が増加することはあり得ない。従来の単一税率を踏襲するなら、増税後の所得階層別負担率の格差が変動することはあり得ないからである。

消費税に関するマスメディアの報道は根拠となったデータが誤っているか、あるいは結果として人々に誤解をもたらすものが多い。最も大きな誤解は、「消費税率が上がれば逆進率が高まる」とい

図3-4　税率アップの場合の負担率格差

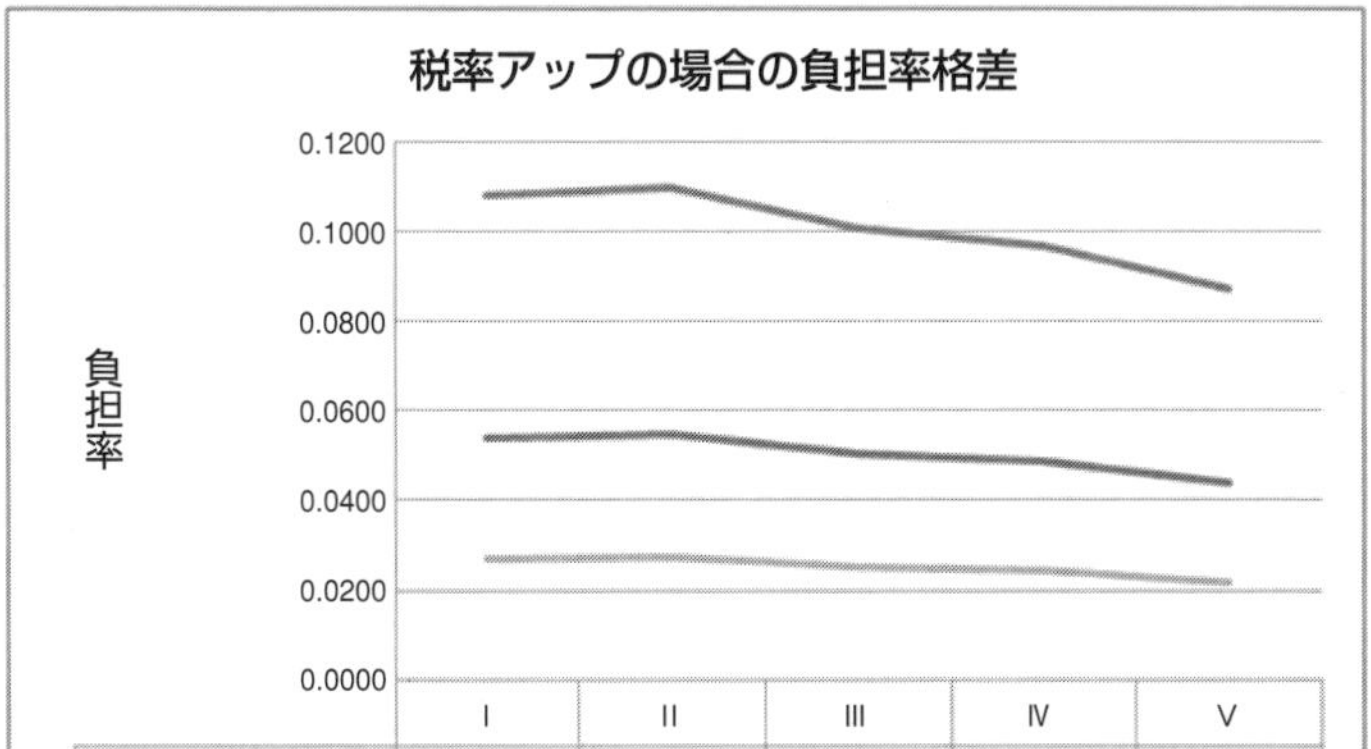

	Ⅰ	Ⅱ	Ⅲ	Ⅳ	Ⅴ
20%単一税率	0.1080	0.1096	0.1010	0.0970	0.0874
10%単一税率	0.0540	0.0549	0.0505	0.0485	0.0437
現行5%消費税	0.0270	0.0274	0.0252	0.0243	0.0219

注：筆者が作成
出所：総務省『家計調査（勤労者世帯）平成21年版』による

うものである。

所得階層間の負担率の「逆進性」が存在する場合に、〔負担格差の度合い＝最高所得者負担率／最低所得者負担率〕と定義してみよう。そうすると、現行の消費税率5％の場合には、前述のように、〔最高所得階層の消費税負担率0・0219÷最低所得階層の負担率0・0270＝0・81〕となる。

▼消費税率が10％にアップすると

消費税率が10％と現行5％の2倍にアップした場合、各階層の負担率はおしなべて2倍になる。その場合、最低所得階層の消費税負担率は0・0270×2＝0・0540となり、最高所得階層の消費税負担率は0・0219×2＝0・0438となる。そうすると、その差は０・０１０２になり、５％消費税の場合の０・００５１と比較して２倍になる。20％税率へアップした場合には、５％の場合の４倍になるだけであり、理屈は同じである。

税率が10％にアップした場合にも、第Ⅰ分位の負担率を１とした場合の第Ⅴ分位の負担率を見ると、やはり０・81となるため、格差倍率は変わらないという結果になる。20％税率、あるいはそれ以上どれだけ税率をアップした場合にも、全く同じ結果になる。

要するに、各所得階層の負担率について、〔最高所得階層の負担率―最低所得階層の負担率＝負担率の差額〕について見れば、税率アップにつれて所得間格差が開いていくことになる。しかし〔最高所得階層の負担率÷最低所得階層の負担率＝負担率の比率〕で見れば、いかに消費税率が上昇しても両者の格差は全く変わらないことになる。

10％、20％等への税率アップにつれて徴収される税額が２倍、４倍等と増えるのだから、それにつれて所得に占める税負担額が２倍、４倍等と増えるのは当然のことである。

問題の焦点は、この場合に低所得階層の負担割合が高所得階層のそれと比較して増大するかどうかである。この場合、所得階層別負担比率は０・81と全く変わらないのだから、不公平が増大したとは言えない。元々逆進性論は負担比率を問題にするのだから、両者の格差を負担比率の大きさで比較するのが当然だからである。

表1　増税後の消費税負担割合の変動

消費税負担率	現行５％消費税	10％へ増税後	20％へ増税後
低所得者層　A	2.7％	5.4％	10.8％
高所得者層　B	2.2％	4.4％	8.8％
負担率の格差 差し引き （A－B）	0.5％	1.0％	2.0％
負担率の格差 比率（B÷A）	0.81倍	0.81倍	0.81倍

注１：各所得階層の負担率＝消費税負担額/所得額
　２：筆者が作成（71頁の図表から計算）

▼増税しても「逆進率」は同じ

現行の５％税率が、将来、10％、15％、20％と上昇すると、消費税負担額は２倍、３倍、４倍と増加し、所得に占める消費税負担割合も増加していく。しかし、その場合でも、現行の〔高所得者負担率／低所得者負担率＝負担率格差〕０・81倍という逆進性の度合いは、変わらない。言い換えれば、第Ⅰ所得階層の税負担率と第Ⅴ所得階層の税負担率との比率は、同じである。税率を上げると、各階層の税負担が同じ割合で比例して上昇するからである。そうすると、この税を増税したとしても、低所得階層の税負担率だけが特に上昇するということはありえない。

前記の統計資料による逆進性の度合いについて、それを詳細に究明するために、様々な消費項目を置き換えて検討することは可能だが、あまり建設的な研究課題とは思えない。その理由は、わずかな金額の消費税課税項目を入れ替えても、結論が大きく変わることはないからである。

言い換えれば、各階層間の消費税負担率についての結論が、累進的であれ、比例的であれ、逆進的であれ、ほとんどフラットであることに変わりはない。その理由は、各階層の総所得に占める消費性向や消費項目が変わらない限り、階層間の負担率に大きな変化はないからである。

2　消費税率アップ後の階層別負担割合シミュレーション

▼増税後の各階層の負担率：増税前と同じ

消費税率が現行の5%から10%、20%へと増加するにつれて、現行消費税の「逆進率」が増大するのではないかという主張が、あちこちで熟慮なしになされている。この主張に沿えば消費税を増税すると低所得者の所得に占める消費税負担額の方が高所得者のそれよりも上昇するため、税率アップは低所得者に不利という理屈になる。

しかしながら、以上の表で示されたように、増税後に低所得者の負担が大きくなるという主張は、増税後の負担率格差を「差し引き」で見るからそうなるにすぎない。この主張は、あたかも地図上で土地の縮尺を2倍、4倍と拡大すると、縦、横の縮尺の格差が拡大するという主張と同様である。視点を換えれば、「増税すると負担格差が拡大する」という主張は、最初から何が何でも消費税増税に反対する立場から生まれた「ためにする議論」にすぎない。

▼絶対的貧困者の生活切り詰め論

残された議論としては、消費税増税に伴って、低所得者の中でも絶対的貧困者の生活が困難になるという主張がある。絶対的貧困者層は、現行消費税率5％の負担が精いっぱいなので、増税してこれ以上の負担を求めると生活が切り詰められるため、生活必需品も買えなくなるという主張である。以下で、この主張に対する回答を示したい。

第一に、高度成長後の現代日本の豊かな社会では、食料品等の生活必需品だけで生活するような階層は少なくなりつつある。平成バブル崩壊後の景気低迷期には、「格差社会論」が喧伝された。しかし実際には、政府の社会保障支出による再分配後の所得格差は減少していることが、厚労省資料で、平等度を示す「ジニ係数」の低下で実証されている。

しかし仮に所得格差が拡大して「低所得階層」が増加したとしても、食料品が買えないほど困っている階層は、低所得者のうちのわずかな部分を占めるにすぎない。

第二に、絶対的貧困者層の救済は消費税の徴収方法によって解決すべき課題ではなく、生活保護等による社会政策の課題だということである。言い換えれば、消費税増税による歳入増加分を生活保護等の歳出増加分として充当すれば、容易に解決する問題である。１００歩譲って、現代のおしなべて豊かになった日本社会において消費税増税を認められないほどの大きな貧困問題があるなら、歳出面での生活保護を充実させることで解決する問題だということである。

第三に、本書の考えでは、低所得者ほど格安商品の購入が容易になるため（第5章参照）、消費税増税分の金額の価格への転嫁割合が低くなる。言い換えれば、低所得階層になるにつれて、消費税増税分の金額の商品価格への転嫁割合が低くなるため、その分だけ税負担額が少なくなる。

第4章 「逆進性」問題の発生とその理由

第1節 「逆進性」論議の基本と問題点

1 「逆進性論」の基本的視点

▼「逆進性」の定義

これまでの消費税が不公平な税制だという主張は、例外なく消費税の「逆進性」を根拠にしている。「逆進性」とは、所得に占める消費税負担割合が、高所得者に比べて低所得者ほど大きくなるという問題である。この「逆進性」により、消費税は不公平だと決めつけられてきた

言い換えれば、消費税の階層ごとの負担率が、所得増加に対して比例的、あるいは所得税のよう

に累進的でないことが不公平だという前提に立って、批判されてきた。

とりわけ、伝統的な公平原則である「垂直的公平原則」では、高所得者が多くの税を負担する所得税が公平だとされてきた。消費税導入・増税に際して、反対派はこの「垂直的公平原則」を掲げ、それに照らすと消費税は不公平税制だと主張してきた。不幸なことに日本では、横並びの大手メディアの影響によって、この考え方が国民の間に浸透してしまった。

本書では、総務省『家計調査年報（勤労者世帯）平成21年版』のうち、5階層分類を使用している。ここでは、各階層の消費支出額には、課税された消費税額が100％という均等な割合で、全面的に転嫁されると仮定して、消費税額を算出している。

そこでの各所得階層ごとの「所得に占める消費税負担率」を見ると、大局的には逆進的に推移していると言える。ただし前述したように、第Ⅰ分位と第Ⅱ分位を比較すると、累進的に推移しているため、決して例外なく「逆進性」が妥当しているわけではない（56頁）。

▼カギカッコの理由

消費税の階層別負担率について、「逆進性」とカギカッコ付きで記述する習慣が生まれた原因は、税法上規定された所得税の累進性とはその性格が異質であることを強調するためのものであろう。

つまり、消費税の「逆進性」とは、課税制度上は比例税率である消費税が、その課税の結果として、各階層ごとの所得の高低とは逆の負担構造になっているという特徴的な現象を端的に示した表現なのである。

	〔税率の刻み〕	〔所得階層上昇に対応する税負担比率の増減〕
所得税	累進税率	累進的
消費税	比例税率	逆進的

「逆進性」とは、所得税中心主義に立脚して、その累進性を反転させた表現でもある。つまり、所得税の階層別負担の「累進性」と対比させて、消費税はそれに反する不公平な税金だとする考え方である。所得税の累進性を支える「垂直的公平原則」に立脚して、公平な税制とは、階層別の税負担比率が所得税のように、高額所得者になるにつれて必ず累進的に上昇すべきであるとする考え方が基本になっている。

2 消費税は必ず「逆進」するわけではない——消費税にも逆進、比例、累進がありうる

一般的には所得が増加すれば消費も増加することは疑いがないが、ここではその上昇比率が問題である。論理的に考えれば、消費税の階層別負担率が必ず逆進的になるという決まりはない。それについては、累進的、比例的、逆進的の3ケースが考えられる。「逆進性」は、所得階層の上昇割合

よりも消費の増大割合が少ないことによって生じた結果にすぎない。

つまり「逆進性」は消費税に固有の現象ではなく、所得階層間の所得の伸び率に消費が追い付かない場合にのみ生じる現象である。所得が上昇すればより多くの商品価格を支払い、それに伴ってより多くの消費税を支払う。しかし、高所得階層の消費の伸びが所得のそれよりも低い場合、高所得階層の消費税負担率が低所得者のそれよりも低くなるために、たまたま生じた現象にすぎない。

▼累進、比例、逆進：論理上の3分類

論理的に考えると、所得増大と消費税額増大との関係は（1）所得増大につれて税額が増大する累進的な場合、（2）所得増大とは関係なく一定の比例的な場合、（3）所得増大につれて税額が減少する逆進的な場合、という3つのケースに分類される。

しかし消費税反対キャンペーンの浸透によって、国民の間には、低所得者と高所得者が同じ金額の消費税を支払っているかのような錯覚が生まれている。その錯覚が生まれた理由は、所得が増えても消費額は同じであり、税額については「（2）所得増大とは関係なく一定」が妥当していると思い込んでいる人が多いからである。

▼消費税の「逆進性」と所得税の「累進性」の違い

そもそも消費税で言われる「逆進性」と所得税の累進性とは、全く性格が異なる。そもそもどの税目についての税法を見ても、「累進税率」は存在するが、「逆進税」というものは存在しない。

所得税では、所得税法という法律の中に、所得階層別の累進税率構造が規定されており、各所得階層の納税者は、それに従って課税される。それに対して消費税の税率構造を見ると、それは単一の比例税率であり、逆進税率ではない。言い換えれば、消費税法のどこにも「逆進性」は規定されていないのである。

要するに、所得税の累進性が所得税法に規定された税率の構造にあるのに対して、消費税のそれは課税の結果として税負担構造に生じたものである。消費税は、単一の比例税率で課税される結果として、低所得者の消費税負担率が高所得者のそれよりも大きいという結果が生じるのである。

消費税の「逆進性」とは、課税の結果として、「所得に占める消費税負担率」が所得増加につれて逓減する構造を指す。つまり、所得階層が上昇すれば当然消費税額は増大するが、所得の伸び率ほど消費の伸び率が上昇しないことから発生した問題である。また、世界中の消費税が普遍的に逆進的[注]になっているとは限らない。日本の消費税が非課税品目の少ない単一税率の課税方式であるため、わずかな逆進性が発生しているだけのことである。

しかし後述するように、仮に必需品である食糧品を非課税にしても、高所得者の方がそれらをより多く購入するため、それほど逆進率は変わらないのである。

▼エンゲル係数の誤認

「逆進性」が深刻な問題ととらえられた背景には、所得階層別に見ると、所得が低い階層ほど食料品等の生活必需品が占める割合が増大するという「エンゲル係数」の考え方が普及したことにあるように思われる。

エンゲル係数の定義は、「所得に占める食費の割合」であり、〔食料費÷所得金額〕として、パーセントで示される。戦後日本が貧しかった時期のエンゲル係数は、高所得者の20％程度に対して、低所得者は80％程度と格差が大きいため、それを見ると貧富の格差が一目瞭然に分かる、と教えられてきた。中高年層にはこの記憶が残っているため、「低所得者の購入する食料品に対する消費税率の軽減」という考え方が、頻繁に登場するのである。

しかし平成21年度の階層ごとのエンゲル係数の値を見ると、第Ⅰ階層24・7％、第Ⅱ階層23・3％、第Ⅲ階層23・3％、第Ⅳ階層21・8％、第Ⅴ階層20・3％と格差はほとんど見られない。その平均は22・2％となる（総務省『家計調査年報（勤労者世帯）平成21年度版』末尾に記載された数値、Ⅰ～Ⅴ階層の区分はこれまでのデータと同じ）。

そうすると、食料品に課税される消費税を軽減または非課税にしても、低所得階層の税負担だけが特に軽減されることで有利にはならないことが分かる。

▼非課税品目が垂直的公平を高める

前述のように、消費者統計を見ると、消費税創設当初から保険医療などの非課税品目を設けたことによって、税の「垂直的公平」がやや高まっていることが分かる。非課税品目を設けた理由は、社会保険医療等の特定品目に特別の社会政策的配慮に沿って、それらの税を軽減することにある。低所得階層の所得に占める非課税品目の支出割合が大きいため、その軽減が結果として、階層間の公平を高めているのである。


注：「逆進的」（progressive）と「累進的」（regressive）。「逆進性」、「累進性」は、その名詞形。「逆進性」は、元々あった所得税率の「累進性」に対する反対語として提示された造語。

「累進的」：所得Aの大きさと消費税負担額（又は負担率）Bという二つの数値がある場合、Aの数値が増大すると、それにつれてBの数値も増大する関係。

「比例的」：Aの数値が増大しても、Bの数値が変わらず、増減しない関係。

「逆進性」：Aの数値が増大につれて、Bの数値が減少する関係。

（事例）人間の年齢Aと身長Bについての関係は、若年期には「累進的」だが、壮年期には「比例的」、老年期には「逆進的」になる。

3 「逆進性」は個別間接税、社会保険負担にも共通

▼個別間接税も社会保険料も「逆進的」

日本では、消費税だけが消費課税ではない。それ以外にも、揮発油税（ガソリン税）、石油税、酒税、タバコ税等、様々な個別間接税が存在する。それら個別消費税についても、消費税と同様の「逆進性」は存在している。また、国民年金等の社会保険料の負担についても、低所得者の負担軽減措置はわずかなので、「逆進性」が発生するのである。

全所得階層の人々が同じ割合で支払う租税公課には、必ず所得に占めるそれらの負担額の割合、つまり負担率の「逆進性」が発生する。その理由は、所得の増大につれて消費税額が増大するが、消費税額の増大率は所得増大率ほど高くないためである。しかし、これらの各種負担についての「逆進性」が深刻な社会問題になったことは一度もない。

〔**たばこ税**〕タバコには高税率のタバコ税が課税されている。タバコは公定価格が定められているので、スーパー等でも廉価販売は実施しにくい仕組みになっている。

そのため、低所得者が安売り市場をさがし回る努力をしても、それらを低価格で購入することは困難である。そうすると、タバコ税の「逆進性」の度合いは消費税よりも大きくなる。

〔**ガソリン税**〕ガソリンには揮発油税が課税される。課税額の大きさは、市場の販売価格である標

準小売価格が規準になる。ガソリンの小売価格は、原油の輸入価格が時期に応じて固定しているため、仕入価格以下で販売することはできない。そのため、小売価格は硬直的になる。

それらの商品を購入する場合には、全所得階層が同一時点では同一価格で購入せざるをえないため、消費税よりも大きな「逆進性」が発生する。

〔**酒税**〕様々なお酒に課税される酒税については、近年お酒が量販店等で廉価販売の対象となっているため、その価格は市場の競争に左右されて変動する。酒の種類によって割引率は異なるが、一般の消費税課税対象品目と同様に廉価商品をさがす時間を多く持つ低所得者ほど安く購入できるため、「逆進率」は消費税と同様の低い水準になるものと考えられる。

▼全所得階層が同一の税率で購入：「逆進性」が発生

以上の個別間接税には、消費税と異なって、個別商品ごとに異なる税率が定められている。ただし、個別商品ごとに見れば、所得階層にかかわらず、全員が同一の税率で負担するため、所得に占める税負担率には、「逆進性」が発生する。

この場合、所得階層が上昇して所得が増大したからといって、タバコやガソリンの消費額はそれほど伸びない。そのため、所得階層が所得が増大しても個別消費税の負担額は伸びにくいため、「逆進性」が発生することになる。

▼消費税の方が高所得者の「負担額」が大きい：「逆進率」が低い

消費税のように、商品の各流通段階での付加価値に広く薄く課税される「一般消費税」の場合には、生活必需品から贅沢品まで、様々な商品に例外なく課税される。その場合には、低価格商品を少量購入する低所得者の消費税負担額は少なく、その反対に、高価格商品を大量に購入する高所得者の消費税負担額は大きくなる。

しかもその場合、商品によって廉価販売の幅が自由に設定されるため、それを利用して購入できる低所得者の所得に占める消費税負担率は低くなる（第5章「機会費用」の考えによる）。

▼「税に税を課す」：二重課税問題

以上のような個別間接税が課税される商品に対しても、消費税が課税される。その場合、商品価格の総額に対して消費税が課税されるため、〔(商品原価＋タバコ税＝個別間接税の税込価格)×1・05＝消費税込価格〕として計算される。

この場合には、個別間接税にも消費税が課税されるため、「税に税が課税される」いわゆる「二重課税」の問題が発生する。課税の便宜上やむをえない措置と考えられ、消費税課税分だけ個別間接税率が軽減されていると考えれば、それほど深刻な問題ではない。ここでは、本論からそれるので、この問題については省略する。

4 「逆進性」に踊らされた反対運動

日本におけるこれまでの消費税論議は、「消費税は不公平な税制である」という先入観を前提として語られている。それを検証することなく、ア・プリオリ（先験的）に議論の前提としてきた。近年の消費税増税反対運動を支える求心力となる論拠も、消費税の税負担率が高所得者よりも低所得者の方が比較的高いという「逆進性論議」を基軸とする考え方である。

消費税は、高齢化が進む欧米先進国をはじめとして世界各国で、社会保障財源等として活用されている。西欧福祉国家を中心として20％台の高税率の消費税は世界中で普及している。それにもかかわらず、日本の消費税だけが批判の対象となり、消費税反対を目的とした「批判のための批判」が展開された。

欧米諸国では、消費税の不公平性に関する議論は、議論の主流になってはいない。いかなる国においても、逆進性が発生しやすいことは認識されているが、「消費税は低所得者に重課税される不公平な税制だから廃止すべき」とか、「増税してはいけない」という議論が支配的ではない。それどころか、欧州先進国では、所得税のような勤労に課税する税金よりも、消費や娯楽に課税する消費税の方が、給与の使い方（支出方法）も考慮に入れている点で、公平だという考え方が根付いている。

言い換えれば、給料がサイフに入る前に、いわば手を突っ込んで無差別に課税する所得税よりも、消費生活の余裕に応じて、購入商品の価格を基準にして課税する消費税の方が、公平性が高いと考えられる。

5 「逆進性」論議の浸透

▼戦後日本の再分配論の普及——所得税中心主義の限界

消費税にとって不幸なことは、政府が消費税の公平性についての説明責任を果たせないまま、消費税導入や増税を国民にうったえたことによって、消費税に対する不公平感が一般大衆の間に浸透したことである。

一般大衆レベルでは、集団催眠現象が生じ、あたかも低所得階層の消費税負担額が高所得者のそれと同額、あるいはそれよりも多いかの如く錯覚されてしまった。財務省や国税庁等の徴税当局や財政や税制研究者側からの説明責任が十分に果たされないことも、このことを助長したが、現在でもその余波が残っている。

逆進性論議が活発になった背景には、戦後日本に根付いた所得税中心主義に基づく累進課税に対する信仰に似た信念がある。分かりやすく言えば、「税金は金持ちが多く負担すべきである」という信念である。戦後日本の税制では、社会主義の理念と見まがうほどの徹底した再分配政策を実施するために、所得税、住民税、相続税、贈与税等の累進課税が引き上げられてきた。

税の公平原則として、高所得者が多く負担する「応能負担原則」を重視することに、議論の余地はない。しかし、高度成長期の所得税率のように、高所得者の余裕資金をすべて取り上げて、低所得者に配分することが、社会の発展に役立つであろうか。高所得者の余裕資金の大半は、社会を発展させるための投資資金として活用されてきたことを少しでも考慮するなら、極端な所得再分配が経済社会の発展を阻害することは、明白である。

高所得層の余裕資金を租税によってすべて取り上げる考え方は、本来動態的な社会の発展の仕組みをいわば「静止画」でとらえたものである。これを実際の経済の動きを表す「動画」で見れば、全く別の面が見えてくるのである。

高所得階層は、貯蓄資金の再投資を通じて、企業活動の増進や技術開発の促進のための資金を提供する。経済の発展のためには、高所得者の余裕資金の貯蓄・投資資金としての活用が大切なことは、企業経済が発展しなければ雇用が減少することを考えただけでも、自明である。

極端な再分配政策の失敗は、人類史上稀にみる世界規模の社会主義経済の壮大な実験と失敗から明らかである。高所得者の余裕資金をすべて取り上げる悪平等を実施すると、企業の投資活動や技術開発が停滞し、雇用が激減して一国の経済成長も国民の所得上昇も止まり、社会経済全般が停滞することは、歴史が示している。

▼高度成長後の極端な再分配

我が国では、高度経済成長期以降、バブル経済の崩壊期までは、国民の所得が増大傾向にあった。この所得増大によって所得税の自然増収が顕著であったため、所得税が税制の中心であり続けた。高度成長期以降、急増する国民所得から多額の税収をあげるために、所得税の累進度が急カーブになっていったのである。

平成元（１９８９）年の消費税導入前後の時期には、消費税は国民各階層が平等に支払う点で、「水平的公平」をもたらす税として、政府側から国民に紹介された。導入された消費税の税率構造は国民各階層に平等な３％比例税率であった。しかし一律３％税率による課税の結果として、たまたま所得に占める税負担率が所得の増大につれて低下する負担構造であった。消費税の租税負担率は所得税の累進性とは反対に、高額所得者ほど税負担率が減少する仕組みになっていることが問題視された。そこで、この現象を象徴的に表現した「逆進性」という概念が流布された。ただしこれは、前述のように税負担率だけを問題にした場合の主張であり、税額の絶対値の累進性を問題にしているわけではないことに注意する必要がある。

ある国に消費税が存在するからといって、所得に対する税負担額が直ちに逆進的になるわけではない。日本の消費税では、階層間の所得増大比率に消費増大比率が追い付かない結果として、たまたま「逆進的」な負担構造になっているにすぎない。それも第3章で見たとおりわずかな差にすぎない。

▼「逆進性」を強めたと誤解されている単一税率

日本の消費税導入後に「逆進性論議」が強まり、国民の不満が広がった理由の一つは、日本の消費税が数少ない、デンマークなどと同じ単一税率であることによる。食料品等の生活必需品に対する軽減税率を設ける複数税率制を導入しなかったことによって、低所得者の負担が大きくなったという疑いが生じている。ただし実際には、複数税率によって「逆進性」が緩和される割合は、極めて小さい。

複数税率を採用したために消費税の複雑性に悩まされる先進国が多い中では、日本の消費税制度が世界で最も簡素で合理的な制度となっている。消費税導入前の時期に反対運動が異常に盛り上がった日本で、なぜ単一税率の簡易な税制が採用されたのかは、不思議な現象である。

もしも複数税率が採用されていても、実際の「逆進性」緩和効果は微々たるものにすぎない。しかしその場合には、各流通段階での商品売買における取引額を明確にするためのインボイス制度の導入等による納税事務の複雑化によって、事業者側の納税コストが増大するため、納税に関する社会全体のコストははるかに大きくなる。

以上のマイナス面を考慮しても、複数税率の採用によって、「食料品軽課で低所得者の負担軽減」というアナウンスメント効果が発揮されれば、消費税の導入・増税は、もっと容易になったであろう。

つまり皮肉的に表現すれば、複数税率化は「逆進性」緩和に役立たず、税の仕組みを複雑化することで事業者の税負担を増すだけだが、消費税の導入・増税を容易にするための緩和剤としては、最有力な方法の一つと言うことができる。

6　「逆進性」緩和対策

▼「逆進性」があっても納得する解決方法

これまで見てきたように、消費税の「逆進性」は、仮にそれが存在したとしても大きな問題ではない。しかしながら、「逆進性」が消費税の公平性を損なっているという誤った信念を持つ人々に対して、何らかの手立てを講じて増税に納得してもらう必要性が残っている。

消費税の公平性についての理解が行き届く前に、社会保障財源が枯渇し、日本の財政が破綻してしまっては困る。そこで、消費税率引き上げに際して、「逆進性」の存在と低所得者の不利益を確信している多くの人々の誰もが納得できる対策を提言したい。それによって消費税の増税を容易にすることは、有力な選択肢だからである。

所得増加に応じて消費税負担率が上昇しないために生じる「逆進性」の存在が社会的に許容されないなら、何らかの解決策を提示することもできる。それができれば、この点についての国民の疑惑を解消して、国民を反消費税感情から解放することができる。一般の国民に複雑な消費税を含めた税制全般の階層別負担構造を理解してもらうことは容易でなく、1000兆円にせまる日本の累積債務の大きさを考慮すると、時間がかかりすぎるからである。

▼増税対策としての複数税率の導入

消費税の税率を上昇させた場合、具体的な解決すべき課題として、「低所得者の家計に占める食費等の最低生活費を確保する必要がある」という課題に答える必要がある。消費税増税と並行して、最低生活費の確保という観点から、低所得者の税を軽減することが、求められているからである。

その場合、食料品等の生活必需品課税を軽課、又は非課税にすれば、「逆進性」問題を解消して庶民感情を緩和できる。ただし、前述のように、そのことに租税政策上の必要性が高いかどうかは、疑問である。食料品という大口の課税対象の税率を下げた分だけ、その他の項目の税率を追加的に高める必要が生じる。また、それを実施する対価として、徴税当局の徴税コストや国民の納税コストを加えた租税の社会的コストが増大すると、大きなマイナスを抱えることになる。

実際には、低所得者に必要な「最低生活費」の範囲を確定することは、容易ではない。消費生活が多様になり商品購入の選択肢が広がるにつれて、食費、交通費、教育費等、どれをとっても、低所得者の支出範囲が広がるからである。所得階層ごとに必需品の範囲が異なり、同じ所得階層の中でも、家族構成の違い等によって、生活の余裕が異なるため、消費の質と量が異なるからである。

つまり仮に「逆進性」と呼ばれる実態が存在するとすれば、それを緩和するための見せかけの方便として、複数税率の導入等による食料品等の生活必需品非課税により低所得者の負担率を緩和しようとすることも可能である。しかし繰り返すが、これらの負担緩和措置は、公平、簡素で資源配分に中立な現行の消費税制度を複雑化することによって納税事務コストを高めるため、効果的な方法とは思われない。

第2節　「逆進性」論議は心理的負担感に基づく

1　階層別負担率だけにこだわる疑問――負担額も見るべき

高所得者と低所得者との消費税負担の公平について考える場合、なぜ各階層の所得に占める消費税負担額の割合、つまり消費税負担率だけを問題にするのかという根本的な問いを発する必要がある。言い換えれば、この問いは、なぜ消費税が、所得増加に対して比例的、あるいは所得税のように累進的でないといけないのかという問いかけでもある。

消費税反対運動が「租税に限定した再分配イデオロギー」によって先導されたことで、この問いに素通りする結果を招いたのである。

▼負担額に照らせば、不公平はない

前述のように、各階層の消費税負担額を考慮すると、最高所得層の負担額は、最低所得者のそれよりも2・79倍に達しているため、この点での不公平はない（41頁）。

しかし、「逆進性」の存在を仮定すれば、低所得者の所得に占める負担率が高所得層よりもわずかながら高いという事実は、認められる（第3章）。しかしこれが拡大解釈されて、「低所得者の消費税負担は重い」という根拠のない迷信となって、国民各階層の隅々まで浸透してしまったことは、大きな問題である。

2 「逆進性」の拠り所は再分配倫理観

消費税の「逆進性」なるものは、消費者統計の結果を元に、消費税が消費者に全面転嫁されるという前提でなされた表面的な主張にすぎない。実際には、事業者段階で課税された消費税額のうち、各階層の消費者に転嫁される割合は不透明なため、実際に各階層ごとの消費者が負担する消費税額

の正確な大きさは、統計的に解明されていない。しかしここでは、消費税転嫁の問題については省略したい。

ここで議論を逆進性論の本質に戻したい。「経済的・社会的公平」だけを問題にするなら、階層ごとの消費の絶対額を見れば、不満は生じないはずである。高額所得者の方が必ず消費支出が多いため、多くの消費税を支払っているからである。

人間の消費活動一般の原則として、古今東西、所得が多いほど多くの消費活動をすることは、統計上、明確になっている。そのため、高所得者の消費額が低所得者よりも大きくなり、より多くの消費税を支払うことは、言をまたない。

各階層の消費税負担実態について、負担率だけでなく負担額の面を少しでも考慮すれば、逆進性が存在したとしても、それほど深刻な問題ではないことに気づくはずである。

▼行動の経済学：人間は不合理な感情に基づいても行動する

近年の行動経済学の基本認識によれば、人間は利益の最大化を目指す経済的原則に基づく合理的な面ばかりではなく、しばしば感情に基づいて不合理な行動をする。

所得階層別負担率格差を問題にすることに唯一の意味があるとすれば、高所得階層の負担率の低さをうらやむという点である。「高所得者の負担率が低所得者のそれよりも低いことはけしからん」

という国民感情を惹起する考え方である。

つまり以上の「逆進性」批判は、「感情」に由来する問題であり、決して、「消費税の負担が重いために生活が悪化する」といった客観的な原因に由来する深刻な問題ではない。仮に低所得者の消費税負担率が他の階層よりも高くても、日々の買い物で負担する消費税負担額が小さければ、彼らの生活は何一つ悪化しないからである。

3　伝統的租税原則：負担額が累進的なら「垂直的公平」

▼租税能力説と「逆進性」論

租税能力説は、19世紀の最も権威ある財政：租税学者アドルフ・ワグナー（A.Wagner）[注]が唱えた有力な学説である。

ワグナーは、アダム・スミス流の市場経済主義の租税論について批判しながら、給付能力を標準

注：財政学者アドルフ・ワグナーは、1835年3月25日に、経済学者・生理学者として著名なルドルフ・ワグナーの子として、ドイツ連邦バイエルン州のエルランゲンに生まれた。18歳でゲッチンゲン大学に入学、次いでハイデルベルク大学にて法律学・国家学を学び、貨幣信用についての研究を行った。1857年にドクターの学位を得て、創設されたウィーン商業大学に経済学・財政学の教授として就任、赤字に悩むオーストラリア財政と公信用問題を研究して、最初の主著『オーストラリア国家家計の秩序』を出版した。70年にベルリン大学正教授（国家学）に任ぜられ、以後1917年11月8日に死去するまでその地位にとどまり、財政学、経済学、統計学を講じた。（大川政三他『財政学を築いた人々』ぎょうせい233ページ）

として課税する方法について解説している。「給付能力を標準として課税するには、いかなる方法によるべきか。……けだし各人の所得と財産とは一様でなく、したがって各人の給付能力には大いに差異があることは明らかだが、……社会政策的課税を主張する者の希望のごとく累進的課税を行い、各人の所得又は財産の分配の状態に変化を起こす（と批判されるが、それは）スミス一派の個人主義経済学者ならびに最近まで多数の学者の一般に唱えたものである[3]」

ワグナーの租税理論の基本原則は、「租税の垂直的公平」に基づいている。それは、「租税は負担能力に応じて負担すべきであり、負担能力の高い者がより多く負担すべきである」というものである。その学説は、今日でも伝統的な租税負担原則として学会や社会で受け入れられている。

▼「逆進性」があっても垂直的公平

消費税の課税の場合、一般に高所得者層になるにつれてより多くの消費税額を負担することに議論の余地はない。その場合でも、「各階層の所得額に占める消費税額の割合」、つまり「消費税負担率」が所得階層の上昇に伴って低下する場合、階層別の負担率が「逆進的」になることがありうる。

問題はその場合に、租税の公平規準として能力に応じた負担を意味する「垂直的公平」が消えてなくなったのかどうかということである。「垂直的公平」について、「負担能力が大きい者ほど多くの税を負担する」と定義するなら、消費税には税負担額の「垂直的公平」が達成されていることに変わりはないからである。

つまり、仮に「逆進性」が存在したとしても、そのことをもって直ちに消費税が、「垂直的公平」の面から見て不公平とは言えないのである。

結論から言えば、以上の「垂直的公平」の原則に照らせば、高所得者の消費税負担額の方がはるかに大きいのだから、消費税は公平原則を完全に満たしていることになる。

4 「逆進性」論議は負担者心理の問題

政権批判の役割を担う批判政党側から「逆進性」の存在を前提とした消費税に対する反対論議が巻き起こり、国民の間に普及した背景には、租税の公平について議論する場合に、無意識的に「道徳的公平」という視点が重視されたように思われる。この場合、「所得税の累進制度に代表されるように、金持ちは貧乏人よりも税負担率が高くなるべきだ」という先験的かつ絶対的な信念が議論の前提になっている。

高所得者の消費税負担額が多いことが明白であるにもかかわらず、所得に占める消費税負担率だけを問題にするのは、実質的な問題というよりも、庶民の気持ちに訴えた心理的な公平感に依拠しているように思える。つまるところ、これは客観的な「負担」の問題ではなく、「負担感」の問題なのである。

▼感情論のため、微弱な逆進性でも巨大な問題と化す

低所得者の消費税負担額が少ないことを考慮すると、「逆進性」の問題は低所得者の実質的な税負担の重さの問題ではなく、国民の意識の中での負担率の比較から生じる問題ということになる。

この「逆進性」の存在を問題にする際には、どの程度の大きさの逆進性が存在するのかといった統計数値上の問題は、重要ではなくなる。この場合、「逆進性が存在すること自体が許しがたい」という感情的な問題に発展しているからである。極論すれば、現状の逆進性が顕微鏡レベルでの微弱な度合いであったとしても、許しがたいという気持ちに変わりはないからである。

実際の階層別負担率格差は、階層別転嫁率の構造を考慮すれば、比例的、あるいは微弱な累進的になることがありうる。負担率が以上のいずれであったとしても、天文学的水準での所得税の税率の累進性がもたらす税負担格差に比較すれば、顕微鏡を使わなければ見えないような微弱な格差にすぎず、それによって租税負担の本質が変わるような大きな問題ではない（56頁）。

以上の逆進性の存在によって低所得層の税負担が重くなるとか税負担額が1円でも多くなるということはない。まして、それによって生活が困難になるといったことは、あり得ない。

それどころか、消費税の負担額は高所得者の方が多くなっている。所得税負担額も加算すると、ますます高所得層の負担額の方が多くなるのだから、負担額の面から見れば、消費税が不公平な点

は何一つ存在しない。

▼「逆進性問題」は砂漠の蜃気楼

以上のことを踏まえて「逆進性問題」をたとえれば、「砂漠の蜃気楼」のような実態を伴わないイメージにすぎない。それが蜃気楼だと知っていれば、その存在が行商のために砂漠を旅行する商隊を苦しめることは全くない。しかし蜃気楼を楼閣や城壁だと勘違いして信じ込めば、そこへ怖くて近づけなくなるため、様々な災いをもたらすことになるのである。

以上の「逆進性」問題は、高所得階層と比較して、低所得階層の税負担率が高いことを気にかける精神的な受け止め方の問題にすぎず、実質的な負担の大きさの問題ではない。そのため、低所得者は誰一人そのことで実質的な消費税負担が増大するといった被害を被ることはない。

簡単な例で説明すれば、同じ会社に属する上司と部下が会社の飲み会に参加するにあたって、上司が1万円を支払い部下が5000円を支払う場合がある。これは、「負担能力に応じて支払う」という負担原則に照らしても、上司は部下の2倍も会費を負担するのだから公平なはずである。

しかし上司の月収が60万円で部下のそれが20万円の場合、不公平になるという考え方がありうる。その理由は、上司の月収に占める会費の負担率は1・67%なのに、部下の負担率は2・5%と高くなるからである。

つまり、「逆進性」に何か問題があるとすれば、「低所得者の負担率が高所得者よりも高いことは許しがたい」という人間の気持ちの問題だけなのである。言い換えれば、「隣の芝生は青い」という程度の精神的な問題にすぎない。

第5章　低所得者は廉価購入で消費税負担が少ない

第1節　低所得者の買い物コストは低い

1　統計データによる消費財の階層別購入価格差

▼消費者統計：低所得者は食料品を安く購入している

次頁の図表には、米などの主要食料品の階層別負担額が示されている。これを見ると、いくつかの法則が見えてくる。第一に、米などの主食とその関連品目の価格は副食と比べて安いため、全階層が低価格の高品質商品を購入できる状況にある。そのため、消費税率が上昇したからといって、低所得者が基礎的食料品を購入できなくなることはあり得ない。

図5-1　主要食料品の所得階層別購入価格

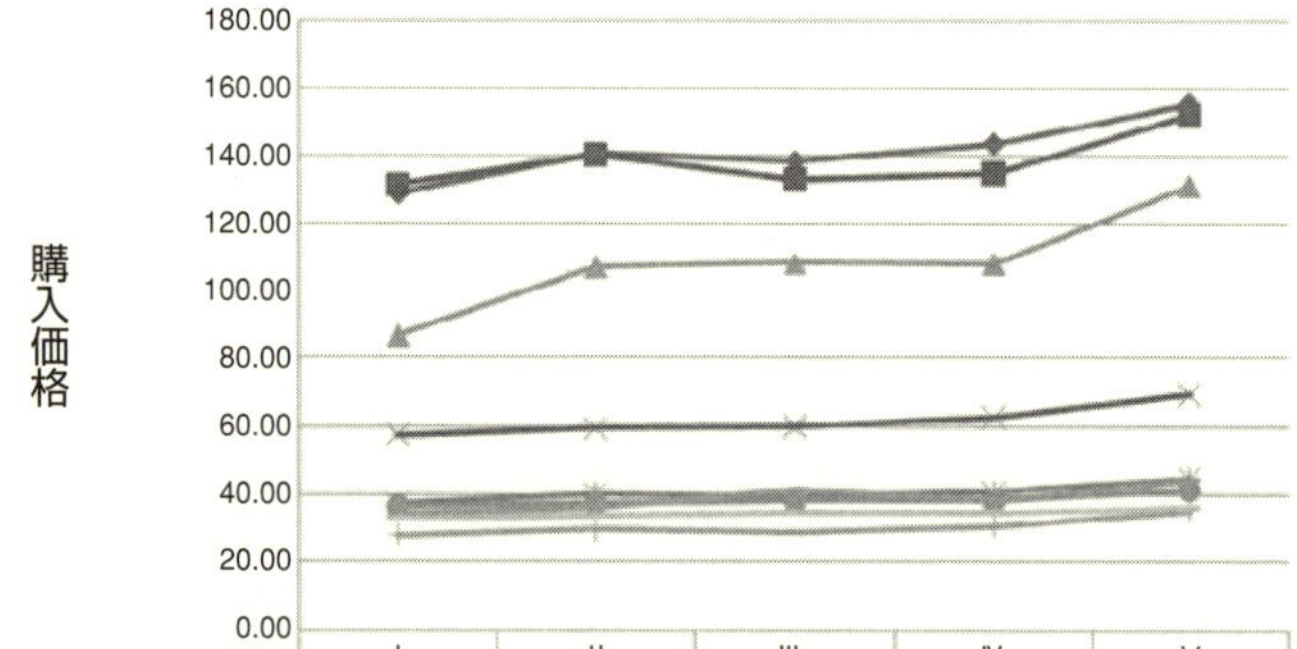

	Ⅰ	Ⅱ	Ⅲ	Ⅳ	Ⅴ
生鮮魚介/100 g	129.07	140.57	196.48	147.60	155.14
生鮮肉/100 g	191.54	140.85	188.27	184.94	181.99
ワイン/100ml	89.82	107.16	108.87	108.23	121.45
パン/100 g	57.47	59.43	59.93	60.64	69.67
生鮮果物/100 g	97.15	40.11	39.02	40.80	44.11
生鮮野菜/100 g	38.88	37.83	37.18	38.29	41.24
しょう油/100ml	24.97	29.81	26.66	30.68	35.38
みそ/100 g	34.20	35.79	41.50	38.45	44.89
米/100 g	33.00	33.87	34.00	34.76	36.21

注：米の価格は、総務省の原表では１キロあたりの表記だが、グラフに収めるために、100 g 表記とした

出所：総務省＞家計調査＞第４－３表「年間収入五分位階級別１世帯当たり支出金額、購入数量及び平均価格」

第二に、米や味噌などの主食とその関連品目の階層別価格差を見ると、いずれも低所得層よりも高所得層の方が、高価格の商品を購入している。〔最高所得者（第V階層）／最低所得者（第I階層）〕＝価格差（倍率）Xとして、各商品ごとの価格差を見ると、米1・1倍、味噌1・3倍、しょう油1・4倍、生鮮魚介1・2倍などとなっている。

それに対して、嗜好品については、たとえばワインは所得階層間の価格差1・35倍と主食以上に大きな差がついている。その理由は、高所得者を中心にフランス等の高額ワインを嗜好するのに対して、低所得者は低価格ワインを購入するためである。

つまり、嗜好品は商品選択の幅が広いため、消費税が増税された場合でも、大きな困難は生じない。消費税率が上昇した場合、低所得者に支持されてきた低価格ワインの消費量が増加し、高所得者に支持されてきた高額ワインの消費が減少することが、予測される。

以上の図表ではその他の嗜好品については省略したが、ビールと発泡酒についてはそれぞれの商品内での選択の幅が狭いため、階層間の購入価格差は乏しい。ただし1リットル当たりの平均購入価格で見ると、「ビール」525・88円に対して、「発泡酒・ビール風アルコール飲料」320・77円の価格差（比率）は1・63倍と大きいため、この両者の間での代替性の役割は大きい。

分かりやすく言えば、低所得者は主として発泡酒、高所得者は主としてビールを飲んでいる。その場合、消費税増税後に、両者の価格に税額が均等に上乗せされれば、低所得者の発泡酒購入がさらにふえる。それに反して、高所得者のビール購入がやや減少することが予想される。要するに、消費税率が現行5％から2倍の10％にアップすれば、5％増税分の消費税負担額は、ビールから発泡酒への消費シフトで吸収されることになる。

▼低所得者は主要消費財も安く購入している

左の図表には、主要消費財の所得階層別購入価格が示されている。ここにもいくつかの法則が見出せる。第一に、左の図表では省略したが、家電製品の場合、テレビ1・1倍、冷蔵庫1・07倍と階層間の購入価格差は低い。技術水準が平準化してすでに各階層に行き渡った商品については、それほど大きな階層間の購入価格差は生じていない。それに対して、左の図表に記載した電気洗濯機だけは、1・54倍と大きな価格差が生じている。その理由は、高所得層が乾燥機付きドラム型洗濯機等の新商品に買い替えたからであろう。

第二に、家具については、ベッド2・49倍、たんす1・50倍と所得間の価格差が非常に大きい。この理由は、家具の量販店の進出によって、中低所得者の多くが大量販売の格安家具を購入する傾向が顕著になったためである。また長期不況と環境意識の向上によるリサイクル中古家具市場の充実にともなって、低所得者が新品の3分の1程度の価格の中古家具を購入する傾向も増している。そうすると、消費税が増税されても、廉価販売や中古家具の市場が整備されれば、税負担は吸収さ

図5-2　主要消費財の階層別購入価格

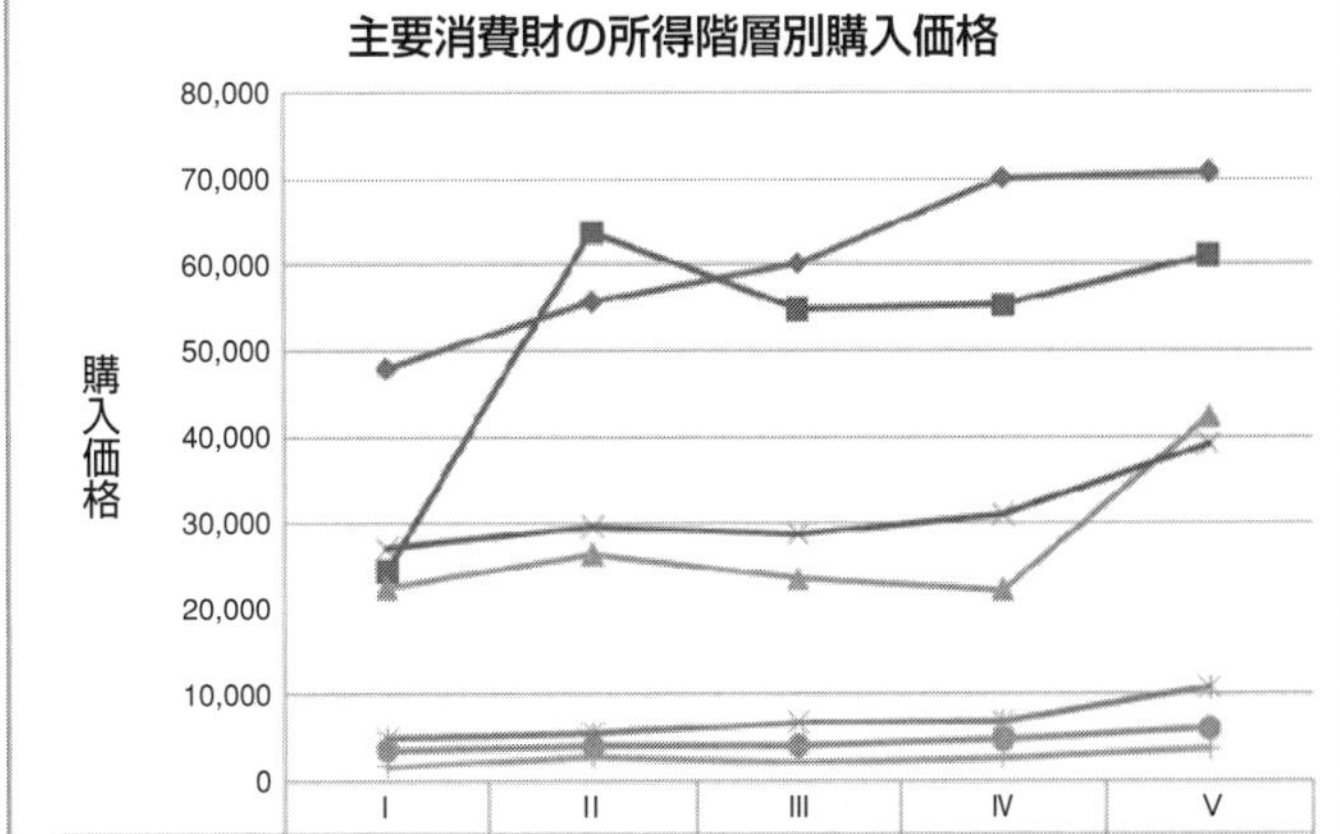

	I	II	III	IV	V
電気洗濯機	47,862	55,698	60,146	69,962	73,741
ベッド	24,450	63,780	64,737	55,901	61,001
たんす	28,488	28,888	28,542	32,248	42,814
背広類	27,059	29,049	28,706	31,008	33,070
ハンドバッグ	4,964	5,625	6,639	7,017	10,691
婦人服	3,715	4,085	4,178	4,819	6,081
ネクタイ	1,773	2,856	2,164	2,766	3,776
自動車	921,728	1,088,334	1,239,016	1,494,860	1,621,130

注：ただし自動車価格は高額過ぎてグラフに納まらないため、表のみに記載されている

出所：総務省＞家計調査＞第４－３表「年間収入五分位階級別１世帯当たり支出金額、購入数量及び平均価格」

れることになる。

ちなみに筆者は、ここ20年間、大型家具は中古の良質家具の購入が主で、それ以外には、量販店の安売り小物家具しか買ったことがない。不用になっても、傷みが少ない場合には中古家具店が持ち帰るので、リサイクルも含めて問題は生じていない。

自動車価格は最高所得階層が最低所得階層の1・76倍と典型的な階層別価格差を示す好例である。以上の表からは、高所得者が新車を低所得者が中古車を購入する傾向が見える。この場合、消費税増税によって低所得者が新車を購入しにくくなれば、政府の補助で中古車市場を整備して中古車販売を促進すれば、大きな問題は生じない。

筆者はこれまでの生涯を通じて、価格交渉の上で、総費用込みで40万円台～60万円台の中古自動車しか購入したことがない。しかし定期点検も充実しており、大きな問題は生じていない。

要するに、消費生活における購入商品の選択の幅が広がった現代では、低所得者や筆者のように購入資金に余裕がないなどの理由で倹約したい人には、適正品質の低価格商品の購入によって、高額商品の購入に匹敵する質の高い生活を享受していることが分かる。

この場合、消費税が増税されたとしても、「消費税還元セール」を代表とする格安商品の販売機会を利用したり、良質の廉価販売商品や中古製品等を購入すれば、問題なく増税前と同様の生活が継続できるのである。

2 低所得者は消費生活で有利——全く同一商品の廉価購入

一般的な経済原則から見れば、高所得者と低所得者が同じ商品を購入すれば同一の価格を支払うため、消費税の負担額も同じになるはずである。しかし実際には、同一商品であっても、小売店の立地条件や規模、格の違いや店構えの立派さ等によって、大きな価格差が生じる。

さらに同一商店での販売であっても、販売する時間帯や天候の差によって、価格差が生じる。以上のことに加えて小売店の販売戦略が加わると、同一の商品に数倍の開きが生じることもある。たとえば、スーパー等で販売される商品を考えると、食品売り場のペットボトル飲料、醤油等の調味料、生鮮食品や薬局コーナーにおける健康飲料や石鹸、歯磨きチューブ等の衛生商品、どれを考えてもすぐに分かる。

要するに、大量生産による全く同一の商品であっても、店舗の立地場所や高級感や販売方法、販売時間帯等が異なれば、価格は異なる。その場合、格安セールの時間帯に小売店を訪れて、低価格商品を購入できる所得階層の方が、消費税負担額も少なくなるため、消費生活上有利になる（本節「機会費用」の考え方112頁～による）。

今日では、平成元年の消費税導入以来20年余りを経過したため、消費者は消費税の支払いに慣れてきた。そのため、あちこちのスーパーのバーゲンセール等で年中格安商品を購入する低所得者は、時間と労力を払えば低価格商品が手に入ることを実体験から直感的に理解している。そうでなければ、反増税感情が強い今日の日本社会では、一般大衆の消費税反対運動が、政府が制御できないほど盛り上がって当然だからである。

▼失業者の事例：極端な分かりやすい説明として

経済学的にとらえると、人々は失業をしたり貧しくなるにつれて、格安商品を探すために費やせる時間が増える。そうすると、その購入商品価格は低くなり、それに応じて負担する消費税額も減少する。

分かりやすい事例を挙げれば、所得が少なく自由時間を豊富に持つ失業者やニートやフリーター等の低所得者は、消費生活では最も有利になる。

たとえばこれまで、大手コンビニチェーンでは、賞味期限が近づいた弁当、おにぎり、サンドウィッチ等の食品を廃棄処分としてきた。しかし資源の有効利用の視点から、その処分方法をめぐって議論が巻き起こってきた。近年、一部のコンビニでは、フランチャイズを統括する本部の意思に反して、半額以下の激安販売をする試みが始まっている。廃棄寸前の食品が流通することは、コンビニ側の収益拡大にとっても有意義である。ごみの廃棄量を減らすため環境にも良く、経済資源の有効活用の原則にもかなっている。

この場合、失業者やニートやフリーターは自由時間が多く、終日安い商品を探してあちこちのコンビニの安売りタイムに買物ができるため、消費生活で有利になる。彼らが格安食料品の購入を中心に生活すれば、正規販売価格なら支払うべき消費税をほとんど負担しないで生活できるという理屈になる。このことを詳しくみていこう。

▼中低所得者は買物の実質コストが低い：機動力が高い

すべての所得階層は、所得の大きさに見合った生活をしている。当然のことながら中低所得者は、買物においても、高所得者よりも経費がかからない生活をしている。仕事で多忙な高所得者が、高級車を使って駐車場付きの高級スーパー等でまとめ買いすることが多い。それに対して、時間に余裕の多い中低所得者は、徒歩で、または自転車を使って、近隣の商店街や安売りの多いスーパーを中心に、機動的にあちこちの安売りセールを回る傾向がある。そのことを考慮すると、中低所得者が免税事業者である零細小売店で買物をする機会は、高所得者よりも多いという理屈になる。以上の説明はあくまでも平均的に見た話であり、例外の存在を否定するものではない。

3　低所得者の買物にかかる「機会費用」も低い

（1）買物の機会費用（「機会費用」の基本的説明）

消費者が支払う交通費のような目に見える買物にかかる「実質コスト」に対して、「機会費用」という目に見えないコストがある。

経済学は資源配分の学問なので、家計や企業という経済主体がAという行動を選択した場合にBの行動が実現しなかったことによって失われる費用を「機会費用」と呼んで重視する。

買物に費やす時間とその時間で仕事をすれば得られる賃金との間には、トレード・オフつまり二者択一の関係がある。そのため、買物にかかる時間で失う労働時間で稼げる賃金が低い低所得者は、ショッピングに多くの時間を費やせるのに対して、高所得者は、少しの時間しか費やせないという結果になる。

この「機会費用」が最も顕著に表れるのは、1時間の労働時間を他の用途に振り向けた場合の「機会費用＝賃金損失」である。一般に、時間給の高い高所得層は買物に時間や労力を費やすことで失うコストが大きい。それに対して、低所得者は時間給が低いため、買物に多くの時間や労力を費やしても、失うコストが少ない。

その理由は、買物に時間を費やすほど仕事時間が減少するため、「買物に費やした1時間を仕事に費やせば得られる1時間あたりの報酬を失っている」と考えるからである。言い換えれば、買物によって失われる「仕事をすれば得られるはずの報酬」は、高所得者の場合に大きく、低所得者の場合には小さくなる。

前述のように、低所得者は時間給が低いことにより、その行動1時間当たりの「時間価値」が低い。そのため、高品質の低格安商品を探すために買物に時間と労力を費やすことに制約が少なく、多くの時間をかけて低価格商品を探すことが容易にできる。つまり低所得者は、時間価値が低いため、スーパーやディスカウント店でノンブランドの食品、日用雑貨や衣類を購入する場合に、行動する時間に制約がないため、格安商品を求めて、どこへでも機動的に買物に行けるのである。

それに対して高額所得者は、所得格差の増大に比例して、商品を探し回るための時間コストが低所得者の数倍高くつく。そのため価格をいとわず便利な場所で高額商品を購入せざるをえない。高所得者は時間価値が高くつくことにより、行動する時間に制約があるため、買物に費やす時間と労力が制約されるのである。

近年では、ネット通販やネット・オークションの発達によって、衣類や食料品等については、時間さえかければ、安くて良質な商品を購入することが容易になっている。個人間のネット・オークションなら、大概の中古の子供服が100円~500円で入手でき、しかも消費税の負担は全くない。この場合、出品者側が個人売主や年間売上高1000万円以下の零細事業者の場合には、消費税納税義務がないため、購入者が消費税額を負担しなくて良い場合が多い。この面でも、時間が多く使える低所得者はショッピングにおいて大変有利になっている。

(2) 家具を探す「機会費用」(家具探しのコストを賃金で換算)

新居に引っ越した後で家具10種類を探すコストを考えてみたい。この場合、買物にかかる実費の費用のことは忘れて、各階層の支払う「機会費用」に限定して考えてみよう。1週間に日曜日の1日を使って、4週間かけてあちこちの家具屋めぐりをして、購入すべき商品を見つけた場合、機会費用は以下のように概算される。分かりやすい前提として、その間の家具屋めぐりの時間を残業に回せば得られるはずの給与額を各階層ごとに仮定すると、各所得階層の支払う機会費用は以下のように計算される。

▼商品を探すために各所得階層が支払う機会費用の数値例

〔I低所得者の場合〕 1250円／時間給×1日5時間×4日間＝2万5000円
〔V高所得者の場合〕 4307円／時間給×1日5時間×4日間＝8万6140円
※時間給は56頁の図表から計算した。

以上の数値例では、各所得階層の人々が同様に、1日5時間×4日間働いたと仮定している。その場合、低所得者の場合には2・5万円しか失わないのに対して、高所得者はその3・4倍の8・6万円を失うという計算になる。そうすると、低所得者が買物にかける時間の余裕は高額所得者の3・4倍もあることになる。

消費対象品目について、日々の生活で消費する野菜や果物、肉等の消費財を考慮すると、それらを探すための機会費用は、所得の大きさに応じて高くなるため、高所得者は高額の消費財を買わざるをえなくなる。価格差の激しい高級衣料品や家具のような高額な商品についても、同様のことが言える。

低所得者は、時間コストが低い分だけ、高額所得者の数倍の時間をショッピングに費やすことが可能になる。多くの時間の余裕があれば、何日もかけて、スーパー、量販店、リサイクルショップ等を回って、安くて良質な家具を大量に見つけることができるのである。

4　低所得者は価格低下で大きな効用を得る

▼低所得者の商品1単位当たりの限界便益は高い

もう一つ低所得者ほど消費生活について有利である決定的な理由は、低所得者ほど商品購入に際して1単位の価格低下から受ける恩恵（限界便益）が大きいことである。

低所得階層の人々が低価格商品を購入しようとする意欲は、高所得層よりもはるかに高い。その理由は、所得が低くなるにつれて1単位の貨幣から受け取る効用が大きくなるからである。格安商品購入によって同じ割引額を獲得したとしても、高所得層にとってはそれが家計にもたらす恩恵は少ないのに対して、低所得層の家計に与える恩恵は大きいのである。

つまり、同じ1円の価格低下でも、受け取る「効用」は低所得者の方が大きい。各階層が買物に支払う費用が同一であっても、低所得者の費用対便益〔便益／費用＝X〕は、高所得者よりも高くなるのである。そのため、低所得者は好んで低価格商品の購入のために、より多くの時間と労力を費やすのである。

経済学の原則から言えば、低所得者層が1単位の価格低下から受け取るありがたさを意味する「効用」は、高所得者層が受け取る「効用」よりも大きい。

限界効用理論はミクロ経済理論の基本であり、一般社会でも経験上良く理解されている。たとえば、格差の激しいアメリカ社会では、ホテルのメイドに1ドルを払えば喜んで仕事をするが、単純労働者の賃金が安定していて格差が少ない日本では、少額のチップだけで喜んで働く者は少ない。

低所得者は、時間や労力などの大きな犠牲を払ってでも、様々な安売り店を回って低価格商品を購入するための労力をいとわない。そのため、低所得者ほどバーゲンセールで行列を作ってでも、低価格商品を大量に購入しようとする。それに対して、高所得者は低価格商品の購入にそれほど重きを置かない。その結果として、低所得者の方が高所得者よりも、より多くの低価格商品を購入することができる。

商品の品質は同じで、小売店の業態や格の高さによって価格だけが異なる場合、低所得者ほど格安商品購入ができるため、消費税負担額が少なくなる。

それだけでなく低価格商品には高価格商品ほど多くの消費税が上乗せされず、業者が消費税分を「損税」として負担することが多い。その場合、低所得者に対する消費税の転嫁割合は低く、高所得者に対する消費税転嫁割合は高いという結果が生まれる。

第2節　低所得者は低価格商品購入で有利な消費生活

1　低所得者が消費生活で有利な3つのケース

商品の価格差が生じる理由は、以下の3種類に分けられる。以下の3つのケースでは、商品の価格差が生じる原因は様々でも、低所得者が廉価販売商品を購入できるため、消費生活では有利になるという点では共通している。消費生活で有利なら、それに付随して負担する消費税負担についても有利になる。

▼低所得者は「下級財」を購入する

第一に、ほとんどの商品には伝統的に高品質とされている「上級財（superior goods）」と低品質とされる「下級財（inferior goods）」の場合がある。低所得者は「下級財」の方を選択的に購入することで、消費生活において、「上級財」と同等の効用を享受することができる。前者のバターと後者のマーガリン、同様にビールと発泡酒のように、類似の商品が好例である。

ただしこの場合、「上級財」「下級財」は現時点での便宜上の区別にすぎない。どちらの食品が本当に健康や美容に良いかは、科学的検証方法の進歩によって日進月歩で変動するからである。

第二に、工場の大量生産で生産された醤油やソース、食酢、マヨネーズ等のように、味や機能はほぼ同じ食品でありながら、価格が異なる商品がある。この場合、高所得者はブランド品を多く購入するのに対して、低所得者はノンブランドの「無印商品」を購入することで、実質的に同様の高品質の商品を安く購入できる。

第三に、まったく同じ老舗ブランド醤油でも、小売店による客寄せ等の販売戦略上、価格差が生じる。その場合、低所得者は、格安商品を探すコストが低いため、安くて良質な商品だけを探して購入することができる。

2　階層別消費で価格が異なる2つの場合

(1)　上級財と下級財では価格が異なる〔高所得者は上級財、低所得者は下級財〕

ひとくちに「基本機能が同じ商品」といっても、大雑把に考えて2つのケースがある。ひとつは、ミクロ経済学でいう上級財と下級財のように、元々商品の品質格差があるため、全く同品質とは言えず、それが価格に反映されている場合である。たしかに、この場合の各商品の品質と価格が異なることは、各階層間の消費構造の違いをもたらす重要な要素として無視できない。

前述のように、ミクロ経済学の基本理論によれば、人々が日常生活で使用する商品には、品質がやや優って高額な商品と品質はやや劣るが低額な商品がある。重要な点は、その品質が多少違っても機能には大差はないという点である。一般に、前者は「上級財」と呼ばれ、後者は「下級財」と呼ばれる。国民所得が増大するにつれて、上級財の消費が増大して、下級財の消費が減少する傾向がある。バターとマーガリン、牛肉と豚肉、ビールと発泡酒等がその典型事例と言われている。

以上の商品のうち、高所得者は高価格の「上級財」を購入し、低所得者は低価格の「下級財」を購入する傾向がある。その場合、仮にすべての商品の価格に5%の消費税が課税されるとすると、高所得層の負担する消費税額は多く、低所得者の負担する消費税額は少なくなる。

（2）機能は同様でも購入価格は異なる〔ブランドの相違で価格が異なる〕

同様に、「お米」や「醤油」、「トイレットペーパー」といった基本機能や名称が同じ商品でも、品質は同様であっても、製造会社や商品のブランド名の相違に応じて商品価格が数倍も異なる場合がある。

さらに、同一メーカーが生産する醤油等、標準小売価格が同じ全く同一の規格商品であっても、小売店舗の規模や格の違い、時間帯や気候等に左右される販売方法の相違によって、価格が大きく異なる。この場合、おしなべて低所得者の方が高所得者よりもより安く購入できる。

▼たとえば低所得者は発泡酒を多く購入

全く同じ商品やサービスではないが同様の機能を果たす商品の購入について考えると、所得階層間の商品購入時の負担の相違が良く分かる。たとえば、高所得者は２１０円（＋消費税10・５円）程度の缶ビールを選ぶのに対して、低所得者は、１３０円（＋消費税６・５円）程度の発泡酒を選ぶ傾向がある。近年では、発泡酒の品質と味覚が著しく向上しているので、ビールと大差はなくなってきたため、低価格負担でビールと同等の商品を入手できることになる。

製造者側から見ると、現代の大量生産の時代には、少数の高所得者のための高額な嗜好品を供給するよりも、大人数の低所得者向けの商品を供給する方が、総売上額と総利益が大きくなることが多い。

近年では、長引く不況の中で中高所得者の中でも低格安商品を購入して節約したい人がふえているため、製造企業側では、低額商品の開発に余念がない。

▼発泡酒の大衆課税よりも消費税増税が合理的

もちろん酒税についていては、ビール標準サイズ1缶77円に対して、発泡酒1缶47円程度になる。酒税が少ないことで、発泡酒の方がビールよりも30円程度の割安になるという点も見逃せない。ここでは、〔(税抜き価格＋酒税)×消費税率＝消費税〕として計算され、酒税も含めた商品価格に消費税が課税される。そのため発泡酒は、酒税が少ないことで消費税額も減額されるという相乗効果が働いている。

品質が同様なのに発泡酒の税金が緩和されている大きな理由は、徴税当局が、発泡酒は大衆向け商品であることを理解したうえで、課税を軽減しているからである。

ただし近年の政府の増税圧力によって、しばしば「発泡酒のビール並み課税」が議題に上っているが、今のところは避けられている。

以上のような商品購入の多様性が、各階層の合理的な商品選択を可能にしている。それを維持するには、大衆飲料である発泡酒に高税率で課税して少額の酒税の増税をはかるよりも、高額商品も含めて、広くうすく原則全商品に課税される消費税を増税して大きな税収を得る方が、合理的な選択であろう。

▼たとえば低所得者は中国製シイタケを多く購入

国産の高額商品等と外国産の低額商品等との選択の問題もある。高所得者はブランド力のある国産の高額商品等を購入することが多い。それに対して、低所得者は、アジア産等の無印の低額商品を購入することが多い。

前述のように、消費税は商品価格の5%が課税されるのだから、同様な機能を果たす商品であっても、低価格なら少ない消費税負担で済ますことができる。この場合、低価格商品を多く購入する低所得者の方が、高価格商品を多く購入する高所得者よりも有利になる。

たとえば、基本機能が同様であるシイタケについて考えると、1パック300円（税15円）の国産シイタケと1パック100円（税5円）の中国産シイタケを比較して、その味や香り等の商品の機能に根本的な差がなければ、低所得者は低価格商品を選ぶため、商品購入の負担は少なくおさえられる。

3　同一の商品：異なる価格設定

(1) 価格は自由市場で自由に決定される（商品価格は「1物100価」）

以上の「上級財」と「下級財」のように、同様の機能を果たす商品であっても「異なる品質：異なる価格」の場合には、すべての商品に対して消費税が同じ率で転嫁（上乗せ）されていることになる。

それに対して、廉価販売等を通じて「同一商品：異なる価格」で購入する場合には、消費税の一部を販売業者が負担する「損税」が発生する。だから、商品を購入する階層間の転嫁（上乗せ）率の相違が生じることになる（次章参照）。

「同一商品：異なる価格」の場合とは、工場で作られる醤油やソース、マヨネーズ、缶コーヒー等の全く同じ規格食品なのに、小売店の業態、規模や販売時間帯等によって価格が異なることである。

同様に、精肉、生鮮野菜、鮮魚等の生鮮食品の場合も、同じ生産農家、畜産農家や漁業者によって生産される全く同じ商品であっても、販売形態の相違によって価格が異なる場合がある。商品の品質が全く同じなら、標準小売価格に差はないはずだが、実際の商品価格は、小売店の業態等によって数倍も異なる場合がある。

近年では、多様な所得階層に対応した販売様式の多様化につれて、商品の価格差はますます拡大する傾向にある。たとえば、デパートや高級食材店で販売されるご飯パックやカップ麺などの基本食品の場合、製造業者ブランドの正規品なら値段は高いが、近年はやりのスーパーの独自ブランド商品や無印商品、１００円ショップの商品なら比較的安い。同じ工場で作られた衣類でも、商品がデパートとスーパーのどちらに並ぶかで、価格が異なるのである。

▼高所得者の高額商品購入は理にかなう行為

全く同品質の商品であっても、小売業者の規模や質の差によって、品質保証やアフターケア等を通じた販売責任の取り方が異なる。そのため、万一の場合の購入後の商品の品質保障等の面での安心感等も考慮すると、高所得者が高級店で購入することは、理にかなっている面もある。つまり、単なるステータスの確立のためだけではなく、経済合理性にかなった行為と見ることもできる。

前述の機会費用の観点に立って分かりやすい例をあげると、高所得者が食中毒にかかって会社を休んで入院する場合の賃金の損失や休業補償金額等の「機会費用」は、低所得者よりも数倍も大きい。そうすると、高所得者は多少の価格差があっても、高級店で安心できる高級食材を購入したり、高級レストランで食事をすることになる。

（2）低所得者は低格安商品を自由に選択できて有利

タバコのように固定価格で商品を販売する義務のある商品の場合には、誰がどこで購入しても商品価格が同一のため、所得の多寡による商品購入の有利さは生じにくい。しかし、一般の商品は自由市場における変動価格で販売されるため、同一時点をとっても、日本中で商品価格が異なる。

この場合には、低価格商品をより多く購入できる所得階層ほど消費生活と税負担の両面で有利になるはずである。低所得者が低価格商品をより多く購入するなら、同一の商品をより安く購入できて、その際の上乗せされる消費税の金額も少なくなるはずだからである。

▼大量生産商品の価格設定

大量生産の工場のラインで生産される調味料等、メーカーが同一の全く同じ商品で比較した場合にも、低所得者は割安商品を購入する機会が多い。たとえば後述のように、スーパーでは、全く同じメーカー、同じ種類のペットボトル入りの１ℓの醤油をセール価格の１００円〜正規価格の３００円で販売している。この場合前述の「機会費用」の考え方によれば、高所得者が３００円（税15円）で購入する機会が多いのに対して、低所得者は１００円（税５円）で購入する機会が多いことになる。

そうすると、醤油１本の購入に際して負担される消費税額は、高所得者の15円に対して低所得者は5円で済むため、低所得者の支払う消費者は高所得者の3分の1で済むことになる。

視点を変えて、同じ醤油ボトルに対して、どの階層も300円（税15円）を支払った場合、高所得者が1本しか買えないのに対して、低所得者は3本買えることになる。この場合、高所得者も低所得者も商品の売上段階で同額の消費税15円を支払ったとしても、それが支弁する商品数には3倍の開きがあることになる。

▼サービスの購入

サービスの購入についても、商品購入と同様のことが言える。海外旅行のパックツアーなら、所得の高い人は上述のように旅行に費やす時間の機会費用が高いため、ツアー代金の高い年末・年始の繁忙期やゴールデンウイークにしか旅行に行けない。それに対して、機会費用の低い低所得者はオフ・シーズンの平日でも旅行に行ける。そのため旅行代金（消費税込）の支払いに際しては、全く同じホテルに宿泊して同じレストランで食事をする旅行者であっても、高所得者は低所得者の数倍の旅行代金（消費税込）を支払わなければならない。

これ以外にも、レストランやすし店等でのランチタイムの格安の食事、平日やオフタイムのホテル宿泊、レンタカーを借りる場合、理髪店や美容院を利用する場合、運送業者の都合に合わせて帰りの便で引っ越し荷物を運んでもらう場合等、あらゆる分野の消費生活において、低所得者の方が有利になる。

(3) 低所得者に有利な「客寄せ」セール

以上の理論的な説明の妥当性は、実際の消費者の声で確かめることもできる。近年ではたいていの大手スーパーでは、「お聞かせくださいお客様の声」といった名称の顧客の意見を聞く掲示板が置いてある。それを見ると、たくさんの顧客の意見が一覧で分かる。その中に「一個18円のコロッケをバイクを飛ばして買いに来ました」という類の掲示が見られる。買い物に利用するオートモービルの中で、ガソリン代の少なさを考慮すると、バイクほど燃料等のコストが低い乗り物は少ない。以上の客寄せコロッケを購入した顧客は若年低所得者であり、あちこちのスーパーの安売り商品を機動的に回って、格安商品だけを購入している可能性が高い。

コロッケを作るには、材料費だけでもジャガイモ、ひき肉、小麦粉、パン粉、卵、サラダ油、調味料などを調達する必要があり、それに人件費や光熱費等様々なコストがかかる。ただしその一個ごとの単価は低いため、コロッケは利益抜きの戦略商品になりやすく、客寄せのための赤字商品である可能性も高い。

▼スーパーの早朝割引：客寄せ商品には高齢者が集合

他方、スーパーの午前10時の開店等に合わせた早朝の生鮮野菜等の割引には、早起きの年金生活等の老人層が大挙して、開店前から入り口に参集する傾向にある。

スーパーの中では、顧客を引き付けるために、薬局コーナーの12本で750円の健康ドリンクや、ベーカリーコーナーの1個98円均一の焼き立て調理パンや鮮魚コーナーの朝採りの真アジ1皿280円等、あちこちで客寄せの戦略商品が必ず置いてあるので、低所得者や老人は廉価販売で購入しやすい。

スーパーでは客寄せのための戦略商品以外でも、賞味期限が近づいた練り物や漬物、乳製品等をあちこちの売り場から安売りワゴンに集めて、安値を付けて短時間で売り切ってしまう販売方法もある。この場合には、自分の欲しい商品がいつ安く入手できるか分からないので、顧客をスーパーにひんぱんに足を運ばせる誘因として、集客能力を高める有力な手段となっている。この場合、1日に何度も足を運べる低所得者には、きわめて有利になる。

一般的に客寄せ商品の場合、製造業者や卸売業者と交渉して、仕入価格を低く交渉して仕入れているため、実際には利益が生じている可能性は否定できない。しかしその場合でも、利益額や利益率が低いため、価格に占める消費税負担額が少ないことに、疑問の余地はない。

それでは、「なぜ損をしてまで販売するのか」という点である。これは、一部の商品で損をしてもその他の商品を買ってもらえれば、全体で総利益がより大きくなるという販売戦略から容易に説明できる。

最後に残る疑問は、「なぜ顧客はバーゲンの赤字商品だけ買って帰らないのだろうか」という問いである。そういう顧客だけなら、赤字商品の販売は停止されるはずである。その点については、買物で生じるコストの面から説明ができる。1回の買物に来るためには、時間や労力以外にも自動車の燃料や電車の運賃等のコストがかかる。前述のように、低所得者ほどこのコストを低くおさえようとする傾向がある。これらのコストを回収するためには、安価な商品を購入する必要がある。

▼定額商品の場合

ただし、正規価格が定まっている処方箋医薬品やタバコや再販制度を採用できない書籍価格等については、廉価販売では販売できないため、低所得者が低価格で購入できる機会は少ない。この場合、本書の趣旨からすれば、これらの固定価格で販売される商品についても、市場原理に従って価格設定を自由にした方が、低所得者の利益になるという理屈になる。

▼低所得者は消費税分を安く買える：お米の抜き打ちセール

筆者は2010年8月7日、たまたま大手スーパーの昼時に実施される抜き打ちの格安セールに遭遇して、安売りのお米とその他の大幅割引商品をいくつか購入した。もちろん初秋のこの時期は、西日本で生産された早場米が出回る直前なので、そろそろ昨年度に生産された米の在庫が値崩れする寸前の時期であることは、筆者も理解していた。

その廉価販売では、通常販売なら正規価格2380円（税119円）のお米「宮城ひとめぼれ」5キロの商品を10袋限定で4割引きの安売り価格1428円（税71・4円）で販売して、短時間で売り切っていた。お米は生活必需品の代表商品なので、その廉価購入は、庶民の暮らしの助けになる。

スーパーがこの廉価販売を実施した理由は、昼食後の顧客の閑散期の時間帯に合わせた客寄せのためである。この安売り価格を可能にした事情には、卸売業者が昨年度産米の大量在庫をかかえていることと、夏の終わりごろから九州地方の早場米が流通市場に登場する前に在庫を整理する目論見が見えている。

筆者は、この格安商品の購入で、〔正規価格2380円（税119円）—安売り価格1428円（税71・4円）＝差額952円（税47・6円）〕を得した計算になる。お米と同様に様々な商品を割引価格で購入できれば、消費税の負担は軽減されることになる。

▼ネット・オークション：個人売主と免税事業者

近年では、労力と時間が豊富にある低所得階層は、多くの労力と時間のかかるネット上の個人販売やネット・オークション等を通じて、超低価格で商品を購入する傾向がある。ネット・オークションでは、出品者が小規模免税事業者や個人販売者等の非課税業者の場合には、消費税が課税されない。

ここでは、大半の売り手が小規模事業者や個人のため、消費税が免税扱いになっている。課税事業者は手広く商っている中規模事業者に限定され、その一部が消費税を購買者に転嫁している。零細な免税事業者が法律に反して消費税分の金額を価格に上乗せ（転嫁）する「益税」のケースもありうるが、まれに少額を徴収するにすぎない。そのため、ネット・オークションを利用して頻繁に買物をする低所得者は、消費税負担額が小さくなる。

ここで重要なことは、低所得者が単に商品を安く購入できただけではなく、購入した商品には消費税が上乗せ（転嫁）されていないことである。つまり前述の消費者統計上、「購入価格」が明記されたとしても、そこには消費税額が含まれていないということである。

第6章　階層別転嫁率考慮で「逆進性」は消滅

第1節　消費税転嫁の基本構造

1　低所得者への消費税転嫁率が低ければ、「逆進性」は消滅

▼中低所得者の購入商品には、消費税額の全面転嫁はなされていない

本書を読めば、低所得者ほど廉価販売商品を購入する機会が多いため、同様の商品を購入しても負担する購入金額が少なく、負担する消費税額も少ないことは、誰でも理解できる。

ところで、前出の消費者統計では、各階層の月間の消費支出額に均等に消費税額が含まれているとして、〔消費支出金額×5／105＝消費税額〕として税額が算出されている。

そうすると、消費者統計には、低所得者の負担する消費税額がすべて織り込まれているのかどうかという疑問が生じるであろう。もし上乗せされているなら、低所得者に対する消費税転嫁割合が少ないということは言えず、前述の「逆進性」を示す折れ線グラフはそのまま通用することになってしまう。

これに反論するためには、消費者統計における低所得者の消費支出額に含まれる消費税額が少ないこと、言い換えれば税の転嫁率が低いことを示す必要がある。

一般に、廉価販売商品の場合には販売者側が「損税」として消費税を負担する場合が多い。このことをより分かりやすく示すのが、事業者が消費者に代わって消費税額を負担する「消費税還元セール」である（後述）。

さらに最も分かりやすいのが、年間売上1０００万円以下の小規模小売業者である免税事業者からの商品購入の場合である。ここでは、商品価格の高低よりも、消費税額が価格に上乗せされているかどうかの方が、より重要な問題である。小規模小売業者には、地域に根差した下町の商店街の八百屋、果物屋、肉屋、魚屋、お菓子屋などの零細事業者が多い。その顧客には、地域の中低所得者が多く含まれている。中低所得者がここで購入した野菜や果物、肉、魚、お菓子なども、すべて消費者統計には含まれるが、それらの商品価格の中には、消費税がすべて含まれているわけではない。

消費税の課税の原則として、免税事業者は課税されない消費税額を価格に転嫁することはできない。ただし免税事業者であっても、商品の「仕入」に課税された消費税、つまり「仕入消費税」を商品価格に転嫁して回収する権利はある。しかし、免税事業者が、「仕入消費税」の範囲を超えて、原価（税抜き価格）の5％に相当する消費税額を上乗せ徴収すれば、「売上消費税」部分の「益税」が生じたことになる。

ただし、小規模零細事業者が価格を1円でも上乗せすれば、競争による売上額の減少によって総利益が減少する。このことを考慮すれば、「売上消費税」部分の上乗せ金額は、「消費税」という名目で徴収された価格の一部と考える方が、商習慣上は合理的である。そうすると、この場合でも消費税額の全面転嫁はなされていないという理屈になる。

▼消費税還元セール：廉価販売の最も分かりやすい事例

一般に、スーパーなどの廉価販売では、5％分の値引き販売をすれば、「通常小売価格」での正価販売の場合と比べれば、値引き分の5％分だけ、消費者が負担する消費税額が少なくなることは、明白である。

スーパーなどの小売店が消費税対策として実施する「消費税還元セール」で考えてみよう。このセールでは、小売店側が商品にかかる消費税分を自ら負担することになる。この販売戦略は、消費者が嫌がる消費税を小売店自ら負担することによって、顧客を引き付けるために実施される。

たとえば、本体価格３０００円（税１５０円）のＴシャツ１枚を販売する際に、本体価格３０００円（税抜き）で販売することによって、消費税分の１５０円分をスーパー側が負担することがある。この場合には、消費税分を値引きする場合と、税額の還元を明確に意識させるために、別のカウンターで現金や金券を還付する場合が考えられる。

このセールを多く利用する階層ほど実際の消費税負担額が少なくなるため、低所得階層が還元セールをより多く利用すれば、その消費税負担額は少なくなる。これらの低負担の事実を積み重ねた結果として、低所得階層に対する消費税転嫁率は低くなる。

以上の事例の場合、前述の消費者統計では、各家計の消費額として３０００円が計上されている。各階層の消費税負担率の計算では、それに１５０円の消費税が掛かることが前提とされるが、実際には消費税を負担していないことになる。

もちろんこの場合でも、小売業者の納税面に着目すれば、３０００円で販売したＴシャツ１枚に「内税」として消費税が含まれていることになる。そうすると、３０００円×５／105＝１４３円として計算される消費税が納税されることになる。しかしこの納税額は、小売業者が負担したものであり、消費者のふところは少しも傷んでいないため、消費者にとっては利害関係のないことである。

消費税率が現行５％から当面の10％へ増税されれば、小売店側の販売戦略として、「消費税還元セール」がより頻繁に実施されることが予想される。その場合、それらをより多く利用する機会が多い低所得者層が、最も大きな利益を享受することになる。

2　租税転嫁の一般原則

▼租税転嫁の古典的原則

ドイツの財政学者アドルフ・ワグナーは、租税転嫁について、以下の3種類に分けて論じている。「転嫁を分けて、（以下の3種類に分類できる）（1）負担の消滅、……技術改良により課税対象の原価の減少を実現し、誰も租税による苦痛を感じなくなること。（2）前方転嫁、……租税の負担が最初の納税者より起こって、取引上の後者の方に移ることをいう。例えば、日本酒の酒税は醸造者が最初これを負うが、その負担は小売人に移り、小売人から消費者に移るようなものである。（3）後方転嫁、……租税の負担が取引上の後者（小売業者）より起こって、取引上の前者（製造業者：仕入先）に移ることをいう。[4]（4）それ以外に、地主や家主が納税した固定資産税が借地人の支払う地代や借家人の支払う家賃に転嫁される場合には、「租税の還元」という現象が生じる。

以上の古典的な租税転嫁論を受け継いで、現代でも租税転嫁論は、財政学・租税論の主要な研究課題として、これ以外の「還元」等の転嫁形態も含めて、盛んに研究されている。その研究によれば、課税された消費税額が消費者の負担として「前転」される場合が最も多いが、その場合決して事業者が負担した消費税のすべてが消費者に転嫁されるわけではないと考えられている。本書では紙幅の関係上、以上の転嫁形態の中で、最も一般的なケースである「前転」に限定して論じたい。

▼租税転嫁原則の解説

（1）負担の消滅、つまり、課税額が、技術開発などにより誰も負担せずに消える場合もあるとされているため、事業者の納税額すべてが消費者または小売業者に転嫁されていると考える必要はないのである。（2）前方転嫁は、前述の消費税の転嫁に典型的に見られるように、生産者⇩卸売業者⇩小売業者⇩消費者と、商品の流通する方向に転嫁が進むことを意味する。（3）後方転嫁は、以上の逆に進むことを指す。消費税の例では、各流通段階での消費税の課税額を償うために、その負担を仕入業者の仕入価格の下落を通じて転嫁することを指す。たとえば、缶ジュースに課税された消費税が、原料であるミカンの仕入価格を値切ることで償われる場合である。

租税転嫁については、消費税に代表される間接税を中心として、租税一般に共通の問題である。商品の流通に課税される間接税のすべてが、多かれ少なかれ転嫁される。また、直接税の中でも、国税の法人税や都道府県税の事業税等の企業課税における税負担は転嫁されやすい。それに対して、個人所得税、地方住民税は、最も転嫁されにくい税である。

基本的に、市場経済の価格メカニズムの中で、価格支配力のある企業は、自らが負担した様々な租税を価格に転嫁するものと考えられる。それ以外の様々な国税の個別間接税や市町村税である固定資産税等も、転嫁されることが多いと考えられる。

この課題については、これまで様々な租税理論を駆使した租税転嫁論として発表されているが、結論が出るような方向で研究が進んではいないため、ここでは省略する。

3　消費税の多段階課税の基本構造

▼多段階流通課税

次頁の図のように、消費税は商品流通の各段階で生じた利益に対して、5％の税率で課税される。具体的には、原材料製造（生産）業者⇩完成品製造業者⇩卸売業者⇩小売業者の各段階での販売に課税される。この流通段階での商品販売を含めて、消費税法上は「資産の譲渡[5]」と表現されている。

▼多段階累積排除型課税

消費税がこれまでの売上税等と大きく異なるのは、商品流通の多段階で課税する場合に、必ず前段階で課税された消費税分を差し引いて税額を計算する点である。

たとえば、次頁の図では原材料製造業者が（2万円＋消費税1000円＝）2万1000円で製品を完成品製造業者に販売する場合を示している。その後、完成品製造業者は、この商品に3万円

図6-1　各流通段階での課税の仕組み

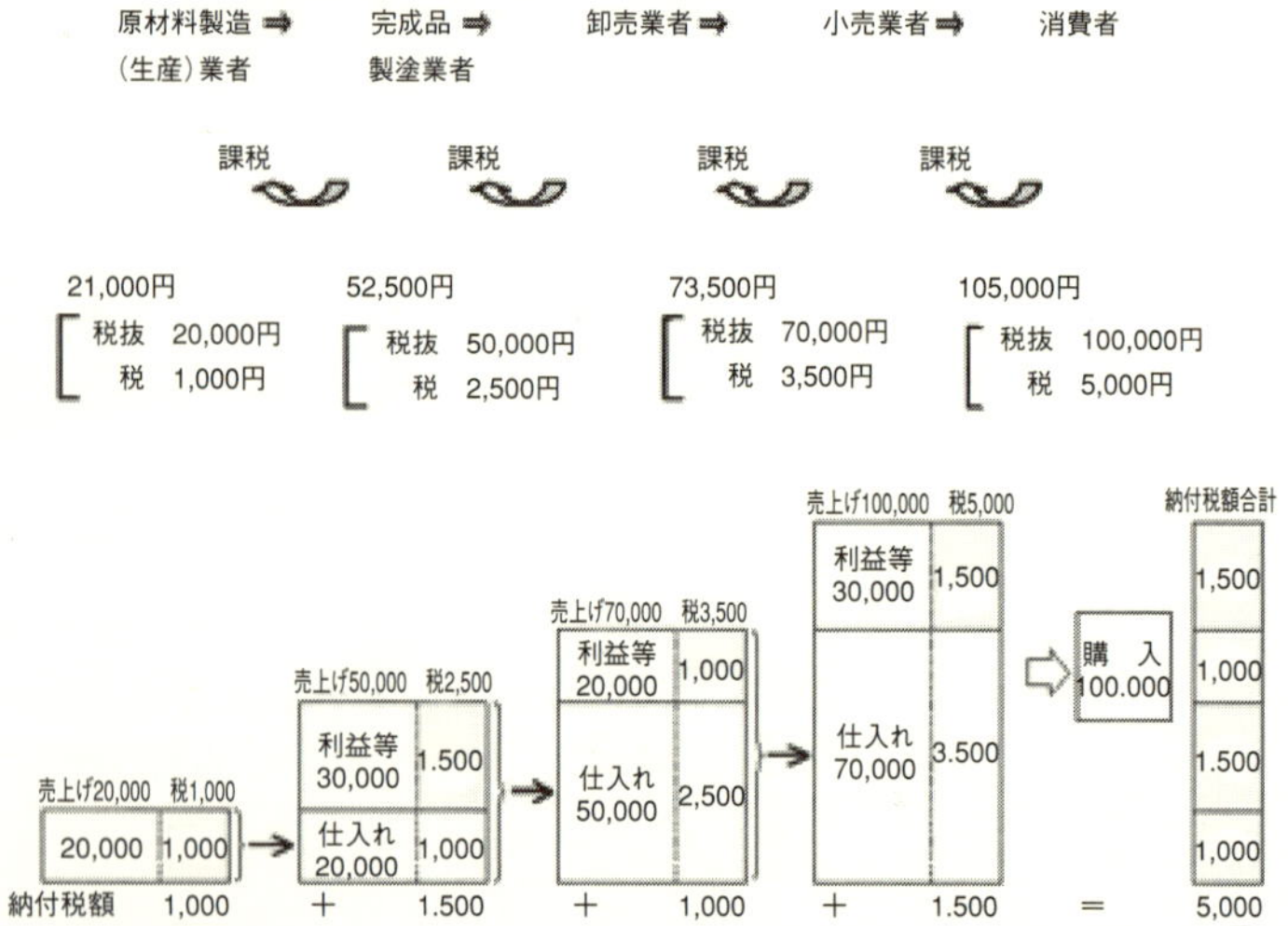

注：消費者は以上のように商品流通の各段階で生じた利益の５％が課税される。その最終負担者は消費者と想定されている

出所：財務省HP＞税制ホームページ＞各種税金の資料＞消費税など（消費課税）＞多段階課税の仕組み

の利益を加えて、(5万円+消費税2500円=)5万2500円で卸売業者に販売すると仮定している。

この場合、完成品製造業者が納税する消費税額は、総消費税額2500円—仕入段階で支払った消費税額1000円=1500円と計算される。通常、製造業者が仕入段階で立て替えて支払った消費税額は、その後、卸売業者に商品を販売する際に転嫁されて、回収されることになる。

これ以降の流通段階でも同様に進行して、最終的には消費者が各流通段階で課税された消費税5000円の全額を負担することになる。商品流通の最終段階で小売業者が消費者に転嫁しようとする消費税額5000円は、小売業者の側から見ると、商品の仕入段階で一時的に立て替えた3500円部分と、小売り段階で新たに発生した1500円分とに分かれる。その場合、小売業者が仕入価格7万円(税3500円)以上で販売すれば、「仕入消費税」を回収できるが、それ未満の価格で販売した場合には、「仕入消費税」の一部を自己負担することになる。

▼納税者=消費者、企業、政府

消費税の最終負担者は家計を担う個人消費者だけではない。通常は、企業または政府などの経済主体も、設備や備品の購入に際しては消費税を負担する。要するに、消費税の最終負担者は、家計、企業、政府の三者である。

つまり、流通の最終段階での商品購入者が企業または政府である場合には、それらの経済主体が消費税の負担者となる。企業の消費税負担については、法人税負担の経費として控除される部分があれば最終的には負担が緩和される。しかしその場合でも、企業側が備品等の購入に際して消費税を負担したことに変わりはない。ただしこれは、商品購入者への消費税の前方転嫁がうまくいった場合のことであり、価格転嫁できない部分につては、販売者側の負担になる。

▼租税転嫁の一般原則

「租税転嫁」とは、租税の納税義務者が負担した租税を商品価格等に上乗せして、商品等の流通等を通じて、消費者や他の事業者に税負担を移すことを言う。特定の家計、企業、政府等の経済主体に課せられた租税負担は、複雑な流通過程の連鎖を通じて、別の経済主体に転嫁される。

租税論議における法人税やその他の企業課税、そして個別間接税等を対象とした租税の転嫁と帰着に関する複雑な研究成果の一端を見れば、消費税を最終的に誰が負担するのかは、厳密に見れば不透明であることが分かる。

▼消費税の転嫁と帰着の意味とその理論

租税転嫁は、消費税に代表される間接税の場合に共通して発生する現象である。通常は流通過程を通じて、生産者⇩卸売業者⇩小売業者⇩消費者と租税負担が移るが、このことを前方転嫁という。租税が転嫁され続けた結果として、最終的に消費者の負担になることが多いが、このことを「租税の帰着」という。

先の図では、納税者である事業者が消費者に消費税額を転嫁して、最終的には消費者が税の全額を負担すると仮定されている。しかし経済理論上は、必ずそうなるとは考えられていない。消費税額が消費者に転嫁される場合と転嫁されずに事業者が負担する場合があり、この両者の割合を究明することは、長年にわたって租税理論上の重要な研究テーマの一つであった。「消費税は消費者にどの程度転嫁されるのか」という問題は、逆から見れば、「消費税は事業者がどの程度負担するのか」という問題でもある。

第2節　消費税の最終負担者は不透明

1　消費税転嫁は不透明

▼消費税法：納税義務者だけを定めている

消費税法上は、「消費税の納税義務者は事業者である」と定められている。つまり税法上、各流通段階で商品等の販売によって利益を得た事業者が納税者と定められているだけである。しかし、その税額の最終負担者についての規定はどこにもない。

しかし消費税に関連した政府税制調査会等の様々な政府文書では、消費者が最終負担者であることを前提としている。消費税導入当初には、事業者の反対を弱めるために、政府文書等によって、消費税の消費者への転嫁が盛んに主張された。しかし消費税の事業者等への定着にともなって、その必要性は薄れつつある。

消費税は、その最終負担者が消費者となることを前提として制度設計されている。そのため通常、流通の最終段階で消費者が商品を購入する際に、それまで各流通段階で課税された消費税のすべてを負担することが、想定されている。

▼「消費税」という名称：消費者への転嫁を前提

西欧の付加価値税が日本に導入されたのに、日本でだけ「消費税」という名称になったのは、なぜだろうか。一般に、「消費税」という名称は、事業者に課税された消費税は流通段階で転嫁されて、最終的には消費者が負担、つまり帰着すると考えられたことによる。

「消費税」という名称からすると、消費税は消費者の負担として転嫁することが当然であると錯覚されがちである。しかし実際には、消費者に転嫁されるかどうかは、不透明である。

消費税の世界共通の正式名称は「付加価値税」であり、この名称は、商品の流通過程の各段階で生じる利益である「付加価値」に課税される税という意味である。ここには、消費者への転嫁を一義的に前提とした税という意味合いはない。

つまり、事業者が課税された消費税額は、必ずしも流通段階で転嫁されて、最終的に消費者に帰着するとは限らない。消費税の転嫁の問題については、経済学の租税理論によって、租税の転嫁と帰着の問題として、古くから論じられてきた。税法学上、消費税は消費者が負担することを前提として議論されることが多いが、経済学の租税転嫁理論では、納税者である事業者と最終消費者のいずれが負担するかは、市場経済における両者の力関係によって決まると考えられている。

▼納税義務者は事業者：負担者は消費者というのは原則論

消費税は、租税原則上、消費者が最終負担者であり、商品の売り手は、税額を商品価格に転嫁することになっている。たしかに、商品取引の流れの中で、売り手が価格設定権を持つ場合には、消費税額を価格に転嫁できる場合が多いと考えられる。

しかし、消費税の転嫁の有無を考慮すると、税の最終負担者は売り手と買い手の双方の需給関係が作用する市場で決まるため、必ずしも消費者に消費税額を転嫁できるとは限らない。今日のデフレ不況期のように、価格競争が激しいために商品の正規価格での販売が困難な場合には、消費税分をすべて価格に上乗せすることは、容易ではない。売り手が消費税分を負担して価格を抑制することで販売量を増やそうとすることも多い。

この場合、価格下落によって、事業者は最初に「売上消費税額」分の転嫁をあきらめ、さらに価格が下落すると、「仕入消費税額」分も負担することになる。

▼総額表示方式への転換：2004年4月1日より

2004年4月1日より、値札に消費税額を含めた総額表示（税込価格表示）の実施が義務づけられた。その際、消費税額を「内税」として示すかどうかは、業者の選択にゆだねることになった。[注]
消費税の総額表示の義務付けについて、財務省HPでは、以下のように説明している。
「総額表示の義務付けは、これまで主流であった『税抜価格表示』はレジで請求されるまで最終的にいくら支払えばいいのか分りにくく、また、同一の商品・サービスでありながら『税抜表示』のお店と『税込表示』のお店が混在しているため価格の比較がしづらいといったことを踏まえ、事前に、『消費税額を含む価格』を一目で分かるようにするものである。このような価格表示によって、消費者の煩わしさを解消していくことが、国民の消費税に対する理解を深めていただくことにつながると考えて実施（された）[6]」。
さらに、2007年4月1日から始まる課税期間からは、企業内部の帳簿等においても総額表示が義務付けられている。[7]

近年では総額表示方式（内税表記は任意）の導入によって、スーパー等の商品表示において、価格に占める消費税額を示す義務がなくなった。しかし大半の大手小売店側では、消費者に対して、売り場の販売商品の棚では商品価格の総額表示だけを示したうえで、レジで渡されるレシート等で、〔購入価格×5％＝消費税額〕として、内税額の大きさが示されている。そのため、実際には大半の商品取引では、顧客の商品購入が終わってレジで代金を支払う際には、消費税額は明示されている。

2　転嫁割合は企業の価格支配力によって変わる

▼企業規模と転嫁能力

商取引全般について抽象的に考えれば、消費税額分は必ず商品の最終価格に上乗せされると考えられている。しかし実際の個々の商品取引について考えると、必ずしもそうなるとは限らない。消

注：「総額表示の下で認められる表示方式」
10、290円
10、290円（税込）
10、290円（税抜価格9、800円）
10、290円（うち税490円）
10、290円（税抜価格9、800円、税490円）
出所：財務省HP＞税制＞わが国の税制の概要＞消費税など（消費課税）＞「総額表示方式」の諸類型

費税の課税事業者であっても、消費税分の金額を商品価格に上乗せできるかどうかは、不透明である。

消費税額を価格に転嫁できるかどうかについては、各流通段階における企業ごとの価格支配力が大きく左右する。一般に、価格を左右する企業力は、製造業や小売業の規模の大きさに比例するため、価格支配力を左右する最大の要因は「企業規模」の大小によるものと思われる。

価格支配力が強いかどうかを決定づける要因は、企業の規模だけではない。それは、製造業の特許権に基づく技術力や小売業の商品やサービスの品質やブランド力、集客力の高さ等様々である。

▼中小企業の「仕入消費税」転嫁は容易ではない

免税事業者が負担した「仕入消費税額」は、原則的には消費者に転嫁されることになる。しかし、以上のことを考慮すると、事業規模が小さくなるにつれて転嫁が容易でなくなるため、中小零細企業が納税した消費税額を消費者に全額転嫁することは容易ではない。零細事業者には価格支配力が乏しく価格に転嫁する力が弱いため、転嫁できずに自己負担することもある。

この点については、消費税に反対する中小企業団体も主張しているところであり、疑問の余地は少ない。

3　低所得者に対する「消費税」転嫁割合は少ない

▼低所得者への税の完全転嫁は容易ではない

ミクロ経済学の基本原則では、低所得者は商品購入に際して使える予算が少ないため価格に敏感に反応する。この理論は商習慣上の常識とも合致している。そのため、低所得者層を大きなターゲットに含めて販売する小売業者等は、できるだけ価格を引き下げて販売する必要がある。この場合、低所得者に消費税を転嫁することは容易ではなくなる。

中低所得者向けに大量の商品を販売する際には、大幅な値引きが必要になる。〔1個あたりの利益×売上げ個数＝総利益〕として計算されるため、廉価販売で1個あたりの利益が減少しても、それを補うほど売上個数が増えれば、総利益がふえる場合が多い。この場合「薄利多売」で総利益が最大化して、商売は繁盛することが多い。

▼逆進性の再検討：低所得者への税の転嫁割合は少ない

以上のように、低所得階層が格安商品の購入に有利なことは疑問の余地がない。それを考慮すると、低所得階層が商品に支払う価格も、価格の5％として支払う消費税額も少なくなる。

逆進性論議にまつわる「低所得者の負担が高い」という主張自体が虚構であることは、これまで見てきた。以下では消費統計に基づく「逆進性論議」は、以上の事実を反映していないため虚構に基づいていることを見ていきたい。この問題を解くカギをにぎるのが、「階層別の消費税転嫁割合の相違」である。

第3節　課税業者の転嫁割合

1　零細事業者：課税事業者の価格転嫁割合

▼「消費税」の形態変化の種類

上述のように、消費者がスーパー等のレジで「消費税（内税）」という名目で税額相当分を支払ったとしても、必ずしも「消費税」を支払ったことにはならない。その理由は、小売業者がその金額を帳簿に消費税として計上して納税するとは限らないからである。

これまで見てきたように、小売業者が「消費税」として徴収した金額の総額または一部は、（1）本来の「消費税額」に充当される以外に、（2）仕入消費税、（3）仕入金額といった様々な支払いに充当されるべく、形態変化する。本書では紙幅の関係上、この形態変化についての詳細な記述は省略する。

つまり、「消費税」という名目で、価格の5%に相当する金額が徴収されたとしても、本来の「消費税額」に充当されない部分がある。その部分が大きいほど事業者が消費税を負担する部分が多くなるため、消費者に対して消費税が転嫁される割合は少なくなる。

▼小売業に限定：最終消費者の消費税負担を論じるため

消費税の納税義務者は、各流通段階で付加価値を取得する「事業者」であることだけは、疑う余地がない。ただし「事業者」といっても、製造、卸、小売等様々である。以下の論述では、小売業に限定して、事業者と消費者の消費税負担割合について論じることとしたい。小売業の場合、その商品を販売する顧客に個人消費者が多いため、各階層に属する消費者の消費税負担額の大きさについての説明がしやすくなるからである。

製造業や卸売業等の場合には、商品流通の途上で、半製品を他の業者に販売する場合が多いため、説明が複雑になるので割愛する。

▼零細事業者が消費税を負担：売上増大の販売戦略

零細事業者が商品を販売する場合には、売上段階で発生する消費税分を自己負担して価格を安くする場合が多い。ただしこれは、販売戦略上の合理的な選択肢として実施される場合が多い。なぜなら、価格を安くすることによって販売額を増やすことで、総売上額と総利益を増やすことは、小売業者の利益になるからである。

上述のように、小売段階で価格に上乗せされる消費税は、「仕入消費税」と「売上消費税」の二つに分けられる。小売業者は消費税を自己負担することが多いが、その一部または双方について自ら負担することは、販売量を拡大することで総利益を最大化するための戦略上の有力な選択肢となりうる。

この場合、小売業者が税額を負担する割合が多いほど、顧客の消費税負担が減少する。つまり、零細小売業者の消費税負担と消費者の消費税負担とは、トレードオフ（二律背反）の関係にあり、小売業者と消費者の双方の消費税負担額が同時に上昇することはありえない。

以上のように零細事業者が消費税を価格転嫁しにくいことは、消費税に反対する零細事業者を代表する各種中小企業団体が、その理由として最も強く主張しているので、疑いの余地はなさそうである。

小売業者が零細事業者である場合、そこで課税される消費税が顧客に転嫁できないとするなら、顧客の方は消費税軽減分だけ消費税負担が減ることで得をすることになる。本書の最大の関心事は、この場合の顧客が属す所得階層に偏りがあるかどうかである。

▼転嫁の問題は、小売・卸・製造業に共通：需給関係が価格を決定

商品を販売する事業者には、小売・卸・製造といった様々な業種がある。この中で、小規模事業者が大企業から商品を仕入れる場合には、大企業側の負担した消費税を転嫁されることが多いと言われている。

資本主義市場経済の下では、商品価格は、市場経済の需給関係の中で、経済原則に従って決まる。消費税を商品価格に転嫁できるかどうかは、需給関係上、売り手と買い手のどちらが価格支配力を持つかによる。一般に、零細事業者は大企業と比較して、価格支配力を持たないため、消費税を自己負担せざるを得ない場合が多い。

▼価格上昇が消費税分によるのかは、いつも不透明

商品に係る消費税額は「仕入コスト」として商品価格に転嫁されやすいことは、認められる。市場の中で、小規模事業者がこの「消費税額分」を消費者に転嫁できればその負担を逃れられるため、できるだけ転嫁しようとするからである。

しかし実際に消費税額を転嫁できるかどうかは、市場における売り手側の供給と買い手側の需要の大きさによって決まる。この場合、たとえ消費税が存在しなくても、商品に対する需要がまされば、市場価格は需給法則に従って、その分だけ上昇することになる。そのため、価格上昇の責任をすべて消費税のせいにすることはできない。

つまり、ある商品に対する需要が強いなら、その分だけ価格が上昇することは当然である。その場合、その価格上昇分は需要の強さによることは確実だが、それが「消費税分」なのかどうかを見極めるのは、容易ではない。

2　課税事業者の消費税転嫁割合

次の図表は中小企業庁が作成した中小企業の消費税転嫁をめぐる資料を元に、筆者が作成したものである。２００５年2月7日の衆議院予算委員会での質疑応答において、日本共産党の佐々木憲昭議員が、この資料に基づいて、「中小事業者が価格転嫁できないために、消費税課税上、不利な立場に置かれている」と主張している。それを受けた中川経済産業大臣の答弁では、それを前提とした質疑が行われており、特に異論は出されていない。

ここでは、商品の各流通段階で事業者が納税する消費税額の一部が販売価格に転嫁できない場合があることについて、いわば国会で認められた形になっている。

この図表では、中小事業者が価格に転嫁できない相手には、一部大企業も含まれている。佐々木議員は、その点をクローズアップしながら、「中小企業は大企業に収奪されている」という古典的な企業規模別格差論に立脚して、中小企業が消費税を価格に転嫁できないことによる様々な問題を指

図6-2　事業者の課税消費税転嫁の実態

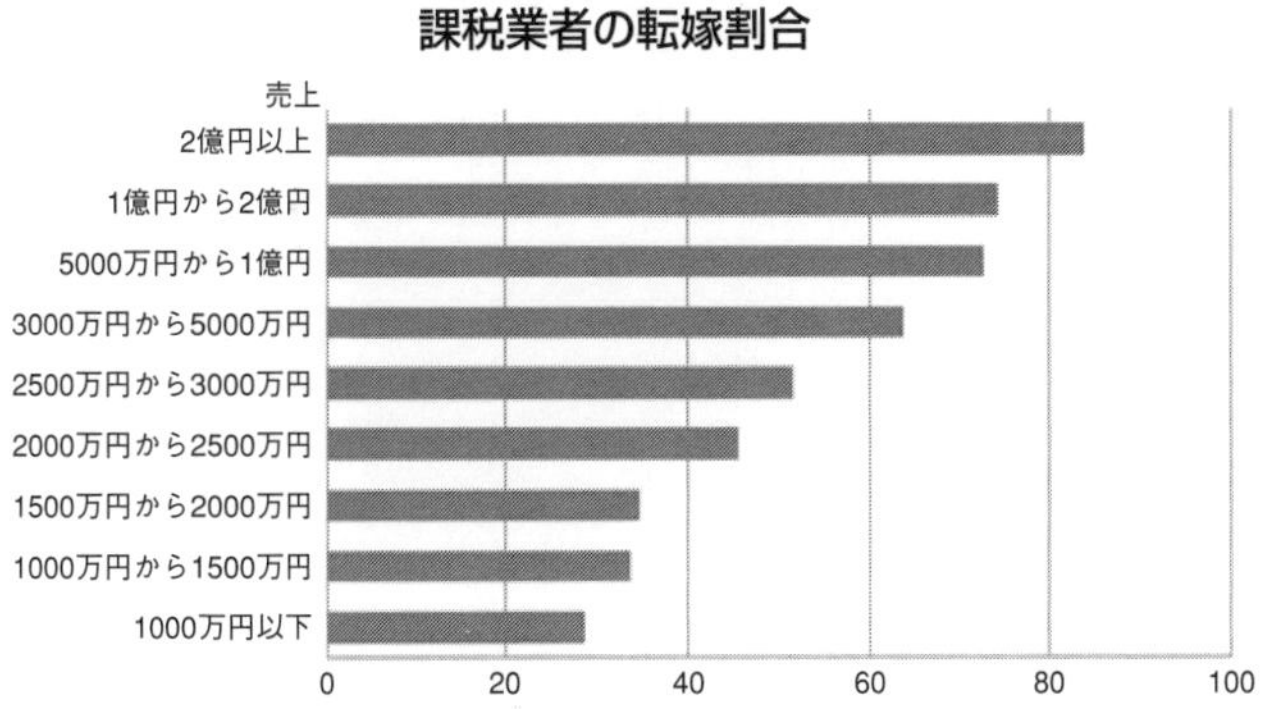

売上	1000万円以下	1000万円から1500万円	1500万円から2000万円	2000万円から2500万円	2500万円から3000万円	3000万円から5000万円	5000万円から1億円	1億円から2億円	2億円以上
■ 転嫁割合	28.7	33.6	34.7	45.5	51.5	63.7	72.7	74.2	83.8

注：中小企業庁2002年8月「消費税実態調査[8]」より作成
（2005年2月7日　衆議院予算委員会提出資料、日本共産党佐々木憲昭議員　国会質問のために提出）

『中小企業における消費税実態調査の概要』調査の対象と方法：中小企業関係 4 団体（日本商工会議所、全国商工会連合会、全国中小企業団体中央会、全国商店街振興組合連合会）の協力を得て、11,717事業者を対象にアンケート調査を実施した。事業者の選定に際しては、実際の事業者の割合（免税事業者約60%、簡易課税事業者約20%、本則課税事業者約20%）を反映するように各団体に対して依頼した。
調査の時期：平成14年8月上旬～9月上旬。
回収状況：回答事業者は9,061者であり、回収率は77.3%であった。（中小企業庁資料）

摘している。

この図表を見ると、製造・卸・小売の全段階を通じて、小規模事業者に課税された消費税について、企業や消費者への売上における転嫁の割合が、示されている。

この図表の結果は、中小企業庁が、事業規模別の事業者アンケートを実施した結果に基づいている。アンケート結果は、実際に転嫁した金額についての実額を示しているわけではない。しかし、事業者が自らの帳簿に基づいて、売上額に占める消費税額を利害関係に左右されず正直に申告していると仮定すれば、この図表は消費税転嫁の実態に近い数値と考えられる。

▼製造業の場合：大企業は中小零細企業に消費税を転嫁しやすい——技術力等も左右

製造業の場合、商品の売上の場合の消費税転嫁額の大きさは、製品の独自性や価格支配力で決まる。商品の販売先が中小企業で少量しか購入しない場合には、力関係が均等なため消費税転嫁が容易である。それに対して、大企業が販売先で大量に購入する場合には、主導権を大企業が握っているため、消費税の価格転嫁は容易ではない。ただし、中小企業の方が独自の特許技術で商品を製造する場合には、価格支配力を握る場合が多いため、転嫁は容易にできる。論理的には以上のように言えるが、実態の取引においては、価格低下分が消費税分なのか、本体価格分なのかを見分けることは、容易ではない。

製造業の場合、たとえば自動車部品を製造する子会社が、親会社の大手自動車メーカーに部品を納入する場合に、取引の継続性を求める気持ちが強いため、消費税額を上乗せできないことがある。これをもって、経済的な弱者に負担を転嫁するから消費税は不公平といったことが、頻繁に指摘されている。しかしこれは、経済学的観点に立っていえば、市場の需給関係による価格決定過程で生じる現象の一部にすぎない。その場合、大企業による大量の部品購入などが、独占のない自由な競争市場で行われるなら、一概に不公平とは言えない。

▼「消費税の転嫁」の定義：中小企業庁資料の説明

この図表の元となるデータを掲載した中小企業庁資料の説明によれば、表で示された「消費税の転嫁」とは、「仕入・購入段階の消費税分」（仕入消費税）に加え、「自らの納税負担部分」（売上消費税）の全てを転嫁していることを示す。(8) この場合に、消費税は消費者等に100%転嫁されたことになるからである。

つまり、事業者は、最終売上段階で、仕入段階で支払った消費税と売上段階で新たに生じる利益に課税される消費税分の双方を合計した消費税額を売上価格に上乗せして回収する。この回収がすべて完了して初めて、消費税の転嫁が完成したことになる。

以上の図表を見ると、売上高で見た経営規模の小さい事業者ほど、消費税の価格への転嫁が困難になっていることが分かる。たとえば、売上高2億円以上の事業者が83・8％の転嫁をしているのに対して、売上高1000万円以下の事業者は、28・7％しか転嫁できていないという結果を示している。

佐々木憲昭議員は、上述の国会に提出した資料による上記の結果に基づいて、「転嫁率の高い大規模事業者と比べて、転嫁率が低い中小事業者は、仕入段階で立て替える『仕入消費税』と売上段階で新たに発生する『売上消費税』の双方の消費税を自己負担する割合が高いため、消費税の課税によって不利な状況がもたらされている」と主張している。

▼転嫁は技術力や販売力にも左右される

以上の特別な場合を例外として、市場経済の価格競争の下では、製造業の事業者は、企業規模に比例した価格支配力を持つと考えられる。それを踏まえると、上記の中小の納税事業者が消費税転嫁上不利になるという原則は、一般に妥当すると考えられる。

どの中小事業者も、売上段階で事業者が支払った消費税のうち、仕入段階で立て替え払いした「仕入消費税分」については、極力売上価格に含めて回収しようとする。しかし、売上段階で新たに生まれた付加価値に課税される「売上消費税」については、それを回収できる価格を設定するかどうかは、事業者の判断に委ねられる。

ただし中小企業であっても、例外的に高い技術や販売力を持つ一部のカリスマ企業があり、それらの企業は価格支配力を持つため、消費税を価格転嫁することは容易である。

同様に零細な小売業であっても、特許を持つ独自の製品や手作りの伝統工芸品、独自ブランドのファッション、農家の手づくり農産物などの場合には、価格支配力が高ければ、容易に消費税を消費者に転嫁できる。

▼消費税を転嫁しない戦略もある

消費税の課税の有無にかかわらず、価格設定は自由にできる。消費税は、〈税抜売上価格×5％＝消費税〉として課税されるので、肝心な売上価格が低くなれば、売上段階で課税される消費税額も少なくなる。

上述の政府の消費税導入方針を反映した社会通念にしたがえば、消費税は小売業者が売上価格に上乗せして回収することが前提となっている。しかし小売業の販売戦略から見れば、消費税分を回収しようとせず、販売価格を低く設定することで売上高を伸ばし、総利益が拡大する場合もある。販売戦略上の価格設定の基本原則は、「税込仕入価格以上の価格設定をする」ということに尽きる。売上価格が税込仕入価格を下回れば、事業を営むほど損失が増大し、事業継続が不可能になるからである。

ただし小売業の場合には、低価格商品を利用した客寄せ作戦や長年の顧客との取引関係を維持するための大幅値引き販売等により、長期的な利益の拡大を目指す場合には、税込仕入価格を下回る価格設定により損失覚悟で販売することが、しばしば起きる。

第4節　転嫁率調整で「逆進性」は消滅

統計上の「逆進性」は架空の数値――実態との乖離

▼『家計調査年報』に基づく各階層の平均消費税負担額の復習

前述の総務省『家計調査年報』の消費支出統計には、5階層区分等で各階層ごとの消費者が平均的に負担する消費税課税対象商品の価格が税込で示されている。この商品価格の合計（税込）に5／105を掛けると、各階層ごとの平均消費税負担額が算出される。この計算方法は、「消費税の最終負担者は消費者である」とする、政府が提唱して社会一般に認められた消費税の性格規定に合致している。

この各階層の消費税負担額をそれぞれの階層の平均所得額で割ると、各階層の平均的な消費税負担率が示される。以上の負担率が所得階層の上昇に反して逓減する場合に、いわゆる「逆進性」が発生する。このことが、長年にわたって消費税の不公平の元凶とされてきた。

たしかに総務省『家計調査年報』には、各階層ごとの「消費額」が示されている。しかし、この統計で対象となる各種商品に課税された消費税総額の最終負担者が消費者であると断定することは困難である。

さらに、これらの商品に課税された消費税のすべてが、各所得階層の人々に均等な割合で転嫁されることを証明しない限り、負担率の「逆進性」を主張することはできないはずである。

▼「逆進性」実態の見直し

以上のような「逆進性論議」の元になる消費税負担率を示す統計が生まれた理由は、「階層別の消費税転嫁割合の相違」を考慮しなかったことによる。言い換えれば、各階層に属する消費者の消費額に対して、一律に消費税額が含まれていると考えて、〔消費額×5／105＝消費税額〕として計算したためである。

そうすると、「逆進性」を示す統計実態は、以上に示した階層別の消費税転嫁割合を無視して作成されたため、真の階層別消費税負担額を示していないことになる。言い換えれば、これまでの階層別の消費税額計算では、各階層ごとの商品購入価格の相違が生み出す「階層別消費税転嫁率」を無視して計算されているにすぎない。

階層別の消費税転嫁率の相違を考慮した場合の正しい計算式は、〔各所得階層ごとの課税対象品目の消費額×階層別消費税転嫁率×5％＝消費税額／1カ月〕でなければならない。

この場合、以上の算式の「階層別転嫁率」を示さなければ、負担率の「逆進性」の存在を証明できないはずである。

▼消費者への消費税転嫁は原則論

消費者統計に基づけば、所得階層別に1カ月ごとに買物額を積み上げることで、各所得階層ごとの総消費額が分かる。また、所得階層別に個々の購入商品ごとの価格差も示しているので（104頁、107頁）、それを元に計算すれば、品目ごとの消費税負担額も算出できる。

しかし、それらの商品に含まれる消費税額の大きさを厳密に算出することはできない。その理由は、消費者への消費税転嫁割合については、消費者統計だけから証明することはできないからである。事業者が支払った消費税額は、原則的に消費者に転嫁されると考えられているが、その転嫁率は、各階層別の消費構造に左右されて異なるのである。

▼「逆進性」の正体は、階層別転嫁率の差を無視したために発生

たしかに、低所得者の負担する消費税額の大きさは、所得額の大きさに対する比率で見ると「逆

進性」を生みだすように見えるため、不公平だと思われている。全階層の人々がすべての商品を正規価格で購入すると仮定すれば、低所得者の負担する消費税額はその他の階層と同様に大きく見積もられ、そのことによって、低所得者の「所得に占める消費税負担率」は大きくなる。しかしながら、階層別の免税事業者からの商品購入割合や廉価販売商品の購入割合の相違等による消費税転嫁割合の相違を考慮すれば、事態は異なってくる。

以上のことを考慮すれば、いわゆる「逆進性」を示す統計実態は、そのままでは成立しないことになる。

▼最終小売価格に含まれる「消費税額」の構成要素

廉価販売の場合、商品に転嫁されない消費税額の多くの部分を事業者が負担することになる。廉価販売において利益が発生しなければ「売上消費税」は課税されない。しかしその場合でも、事業者は「仕入消費税分」を消費者に転嫁できなければ、自己負担せざるを得なくなる。この場合には、いわゆる「損税」が発生していることになる。この「損税」分が税務署から還付されれば、事業者の負担分は、その分だけ減少する。しかしその場合でも、消費者がその分を負担していないことだけは確かである。

最終小売価格に含まれる消費税額の構成要素については、大きく分けても、（1）全く含まれていない場合、（2）仕入消費税額だけが含まれている場合、（3）仕入消費税額＋売上消費税額が含まれている場合、以上の3種類が考えられる。

そもそも一般に、小売価格設定は、事業者の置かれている需給関係の強弱の中で、売上利益最大化を目指して決定されるため、多様になる。そこから一元的な視点に立って、消費税額部分を抽出することは、容易ではない。

▼階層別消費税負担率の考慮＝不足分は事業者が負担

社会通念として、消費税の納税義務者は事業者であり、最終負担者は消費者と見なされてきた。消費税の納税義務者は事業者であることだけは、法律上も実際の徴税面及び納税面の双方から見て、疑う余地がない。

また原則的に見ると、事業者の納税した課税額は、商品の流通過程で次々に転嫁されて、最後に消費者に転嫁される傾向にある。しかし、実際の消費税の最終負担者が誰なのかは、不透明である。明確なのは、事業者が負担した消費税のうち、価格に転嫁された部分だけが消費者の負担となり、転嫁できずに残った部分は事業者の自己負担になるということである。

▼階層別転嫁率を考慮した所得階層別の負担

次頁の図では、これまでの所得階層別負担率を前提として、低所得者には低い消費税転嫁率、高所得者には高い転嫁率として、各階層ごとの転嫁率を変えて、負担率を算出してみた。aには負担調整後の負担額が、示されている。またbには負担率が示されている。

以上の階層別転嫁率格差という考え方を踏まえて、具体的な転嫁率について、第Ⅰ階層60％、第Ⅱ階層70％、第Ⅲ階層80％、第Ⅳ階層90％、第Ⅴ階層１００％と仮定したうえで、実質負担率を算出してみた。そうすると、高所得階層になるにつれて、所得に占める消費税の割合、つまり消費税負担率が大きくなっている。

実際の商品販売では、各階層に対する転嫁率の最大格差が20％程度とより小さい可能性もあるが、議論を分かりやすくするために、区切りの良い転嫁率を仮定してみた。各階層別転嫁率を考慮すれば、逆進性の度合いが減退することは確実であり、階層別転嫁割合を最大限20％程度と控えめに設定しても、消費税負担率の逆進性は消滅するのである。

年間売上１０００万円以下の零細な免税事業者は、原則として商品価格に消費税を転嫁しないため、そこで多くの買物をする低所得者が有利になるという事実も階層間の転嫁率格差を大きくしている。この場合、仮に事業者が消費者に消費税を転嫁して「益税」が発生したとしても、零細事業者が有利になるだけなので、所得再分配上の問題は少ない。むしろ逆説的にみれば、意図せざる再

図6-3　階層別の適正転嫁率で負担修正（勤労世帯）

a　転嫁率調整後の負担額

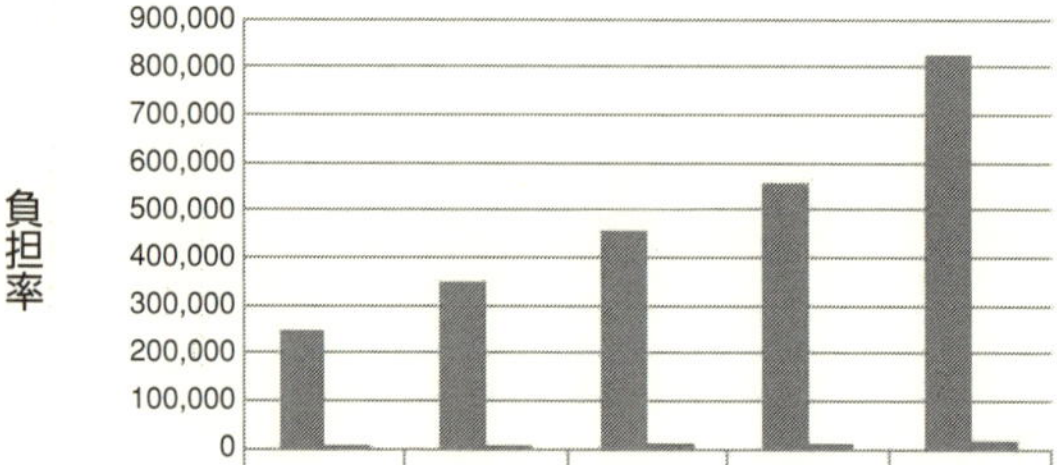

	I	II	III	IV	V
■ 実収入/月	229,993	333,619	422,738	544,483	792,414
■ 修正負担額	3,725	6,409	8,536	11,885	17,323

b　転嫁率調整後の負担率

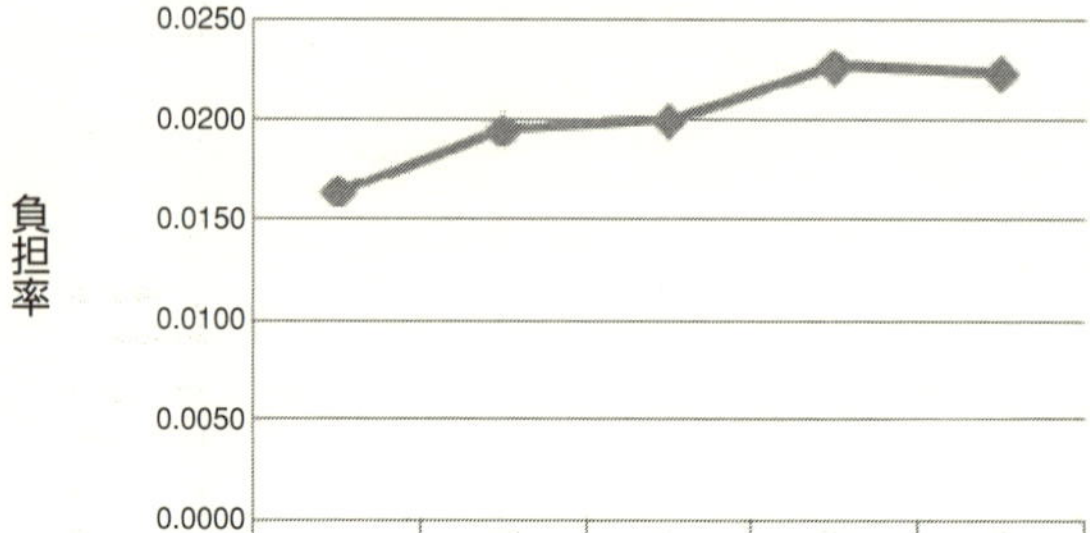

	I	II	III	IV	V
負担率	0.0162	0.0192	0.0202	0.0218	0.0219

出所：総務省『家計調査（勤労者世帯）平成21年版』による
家計調査＞家計収支編＞総世帯＞詳細結果表＞年次＞2009年＞4．年間収入五分位・十分位階級別総世帯・勤労者世帯

分配効果を発揮していると考えられる。つまり、一般に日本の現行消費税制度に特有な問題と指摘されてきた「益税問題」については、制度をゆるがすほどの大きな問題ではなく、むしろその一部は厳格な制度の「潤滑油」になっている可能性もある。本書では、紙幅の関係上「益税問題」については、割愛する。

結論として、低所得者ほど競争市場におけるバーゲンなどで格安商品を購入する機会が多く、廉価商品には購入商品に含まれる消費税額が少ないため、低所得者の消費税負担割合は低い。

またネット・販売やネット・オークション等を通じて、零細小売業者や個人から商品を購入する機会が多い。そこでは価格の高低にかかわらず、消費税が課税されない。

以上を総合して考えると、低所得者の購入商品に転嫁される消費税の割合は少ないと考えられる。

第7章　消費税額還付で「逆進性」は減退・消滅

第1節　税額還付は「逆進性」消滅の最終手段

1　税額還付による「逆進性」の消滅

（1）「還付問題」の概要

▼「逆進性」の存在を仮定すると

以下の説明では、通説に依拠した「消費税額還付論」について説明するため、これも通説に従って消費税の「逆進性」が存在することを仮定して進める。つまり、所得階層別に見た所得に占める消費税負担額、つまり消費税負担率が、低所得者ほど高いという前提に立って説明する。

▼有力な研究者の意見：税額還付方式は「逆進性」を解決する究極の方法

消費税の還付方式は、低所得者に対して何らかの形で、支払った消費税の一部を還付する政策である。消費税の「逆進性問題」を解決するための最も簡明な方法として、近年脚光を浴びてきた。所得税の場合、一定の基準に満たない低所得者に税額還付することは、昔から財政学で「負の所得税」と呼ばれて、ミルトン・フリードマンなどによって研究されているので、これに習った方法である。

とりわけ、経済理論関連の研究者は、実現可能性よりも論理性を重んじる傾向があるので、彼らの間で人気が出ている。近年になって、日本を代表する有力な経済理論学者である中谷巌氏が提唱して以来、にわかに注目され始めた。低所得者に対する消費税額還付方式について、民主党の政策にも盛り込まれたため、政治討論等で議論される機会が多くなった。

この議論の最大の意義は、還付政策を実施することによる政策効果を認識すれば、消費税の「逆進性」は、消費税に固有の永遠不滅の現象ではなく、解決可能な一時的な現象にすぎないということを分かりやすく示したことにある。

▼2010年7月参議院選挙：政局を揺るがした「還付問題」

2010年7月の参議院選挙の選挙戦の直前に、政権政党である民主党の指導者となった菅直人首相が、参議院選挙で消費税増税議論を進めることを訴え続けた。その際に、増税政策に対する国民負担を緩和して、消費税増税に対するイメージを向上させるために、複数税率の導入策と並んで、低所得階層を中心とした「消費税還付政策」について、必死に唱え続けた。それ以来、これらの税負担緩和策が国民の間にも注目を集めてきた。

しかし肝心な首相の選挙演説では、消費税還付の対象となる所得階層や、また還付方法や還付額等をめぐって、考え方が二転三転した。このことが、国民の信頼を失わせ、参議院選挙での民主党の大敗を招く要因となった。選挙後、この問題をめぐって、メディアや国民の間に様々な議論が巻き起こった。この参院選における民主党の大敗の原因は、菅総理が増税策を提起したことではなく、消費税の公平性に迷いが生じたため、増税後の消費税の姿についての明確なビジョンを示せなかったことにある。

▼定額還付と定率還付

消費税の還付方法としては理論上、各階層の消費税納税額に対して、各階層に共通の一定率で還付する「定率還付方式」と一定額を還付する「定額還付方式」の二通りの方法が考えられる。前者の「定率還付方式」の場合、各階層に共通の一定率、たとえば10%等を還付すれば、納税額の大きさに応じた還付額が得られるため、公平な面がある。

しかしこの場合には、消費税還付後の階層別の税負担率が変わらないため、逆進性の緩和策にはつながらない。つまり、各階層の消費税負担額に対して、同一の割合で還付すれば、低所得者ほど少額の消費税が、また高所得者ほど多額の消費税が還付されるため、負担の緩和には役立たないのである。

そこで本書では、「定額還付方式」のみを取り上げる。その最大の利点は、全階層の人々に同じ金額を平等に還付することによって、各階層ごとに最終的に負担する消費税額から還付額を差し引いた「純負担額」の比率を変更できるからである。

つまり定額還付を実施すれば、各階層ごとに、人々の所得に占める消費税額の割合を変更することによって、「最高所得者の負担率／最低所得者の負担率」として計算される「逆進率」を変更することにつながるからである。

(2) 消費税額還付の利点

▼還付は複数税率よりも有効かつ簡明な解決策

税額還付方式の最大の利点は、現行消費税の簡素な税体系を維持できる点である。複数税率の導入によって食料品軽課税制度を導入すれば、消費税本体に特例措置を設けるため、税体系自体が複雑化する。それに対して、税額還付は税体系を複雑化することがないため、税務コストの抑制の面で望ましいからである。

税体系が複雑化すると、納税義務者である事業者側の納税コストと税務署側の徴税コストを足した社会的税務コストが上昇することによって、社会的損失が増大するからである。

▼低所得者の消費性向は高い：景気拡大を期待できる

実際には、上述のように低所得者の消費税負担が過度に大きいという主張には疑念が多くあるが、ここでは、いったんそのことは議論の外におきたい。

年末の税額還付によって低所得者を救済するための社会政策を実施すれば、所得再分配効果が高いため、社会の公平さを拡大できる。さらに、低所得者は、還付金を貯蓄に回す余裕が少なく、直ちに生活費として支出する割合が多いため、社会全体の経済活動に大きな刺激を与えることになる。つまり、低所得者が年末に還付金を受け取った場合、消費性向は極めて高いため、高い景気浮揚効果も期待できる。

2　定額還付の2つの形態：低所得層限定と第Ⅲ階層まで

(1) 第Ⅰ階層に定額還付：最低所得層の「逆進性」緩和

次頁の図では、aの棒グラフでは、消費税10％増税後に、平均年収275万円の最低所得層に対

図7-1　最低所得層のみに定額還付した場合

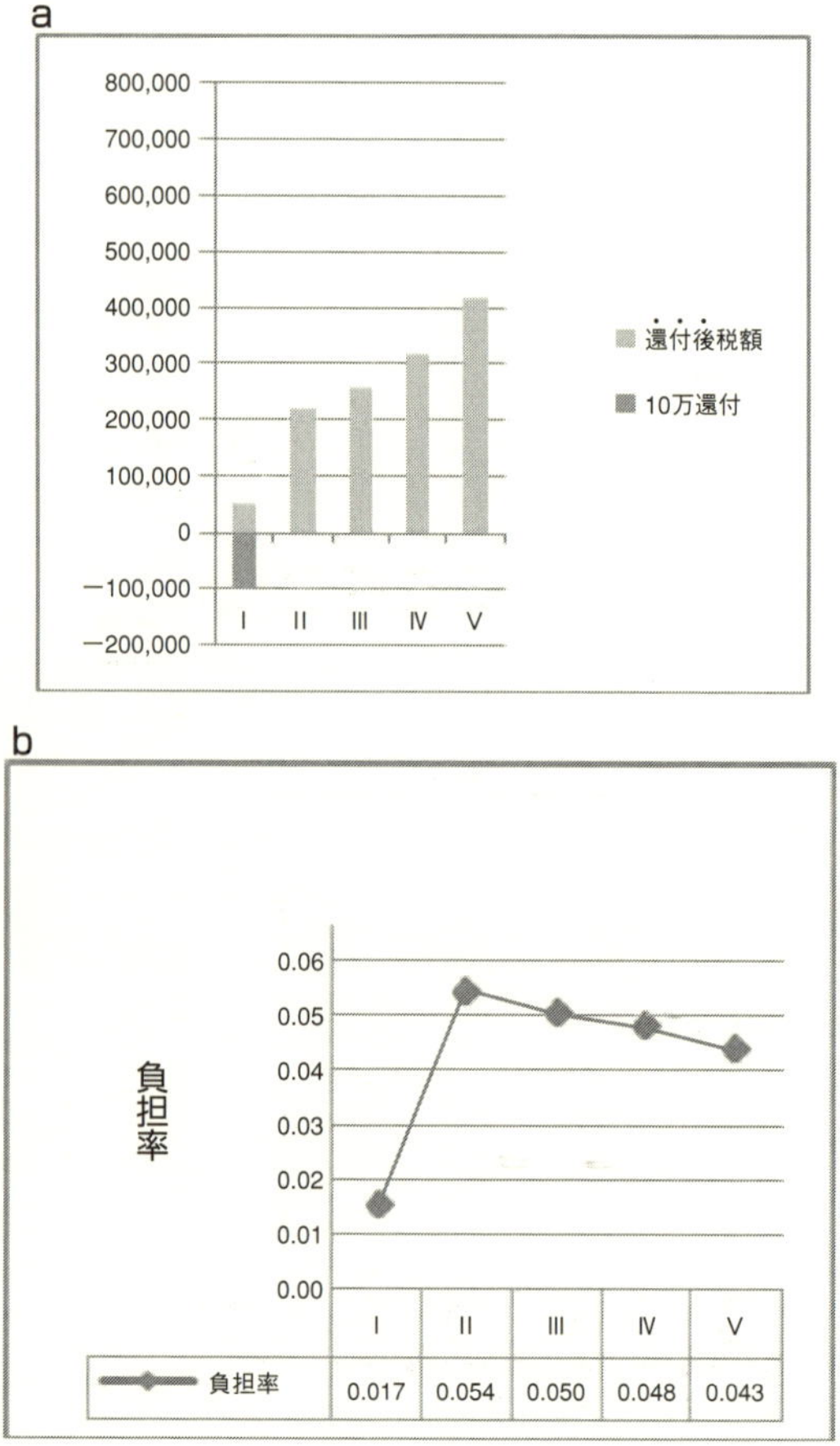

注１：消費税を10％に増税し、275万円以下の低所得者に限定して還付した場合の階層別負担額

　２：ａは還付後の純負担額が、上向きの棒グラフに示されている
　　　ｂは、還付後の負担率が、示されている

　３：筆者が作成

出所：総務省『家計調査年報（勤労者世帯）平成21年度版』による

してのみ、年間10万円を還付する場合である。棒グラフの下に出ているのが、1世帯当たり10万円の控除額である。そうすると、この階層の負担する年間消費税負担額14・9万円から10万円が還付されるため、消費税の「純負担額」が4・9万円に減少する。

この還付方法では、消費税増税で生活必需品の購入に際して消費税の課税額が大きくなるため、その打撃を最も大きく受ける低所得階層に限って還付することになる。この還付方法の最大の利点は、所得が最も低く消費生活にゆとりが少ない最低所得層に限定して還付する点である。そのことで政府の還付資金を最小限に抑制できる点も利点である。

以上の結果、最低所得層の負担率は、他のどの階層よりも低くなる。そのため、この階層にとっての「逆進性」は消滅する。ただしその他の4つの階層にとっての「逆進性」は、そのまま残ってしまう点が、この方式の問題点である。

ここでは第Ⅰ所得階層に限定して還付したが、仮に第Ⅱ階層を含めて還付したとしても、「逆進性」の全面的緩和を実現することはできない。それを実施しても理屈は同じなので、ここではその点については、紙幅の関係で省略したい。

図7-2　中低所得者一律還付後の負担額・負担率

a

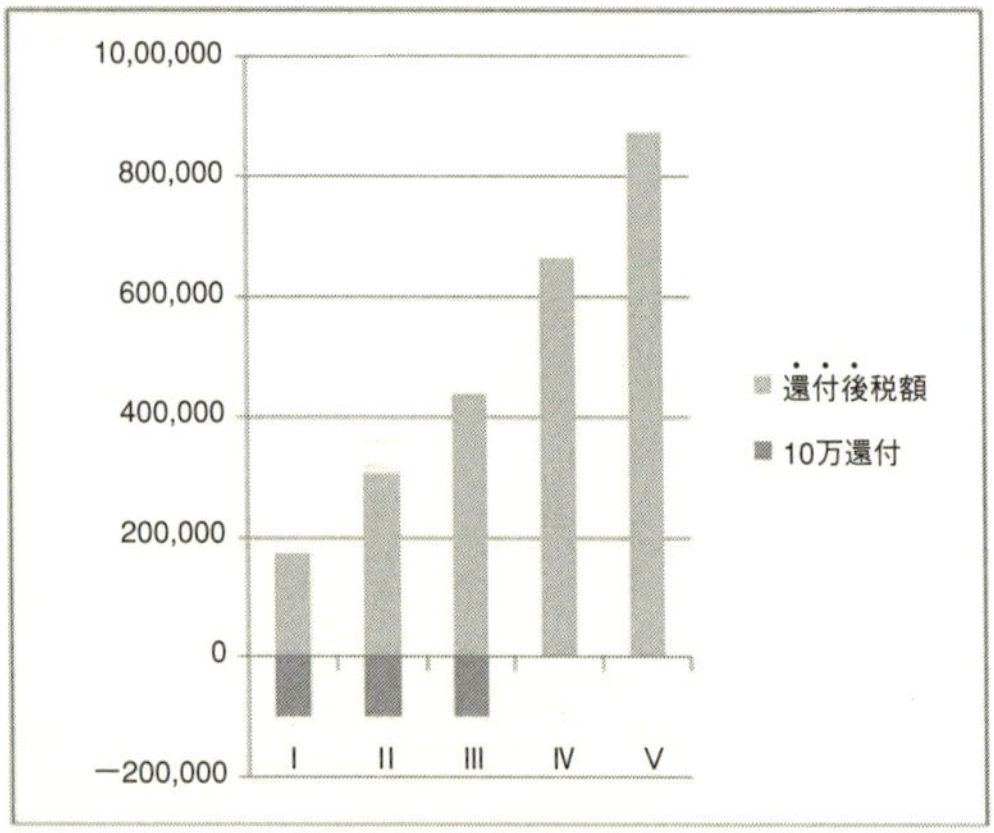

b

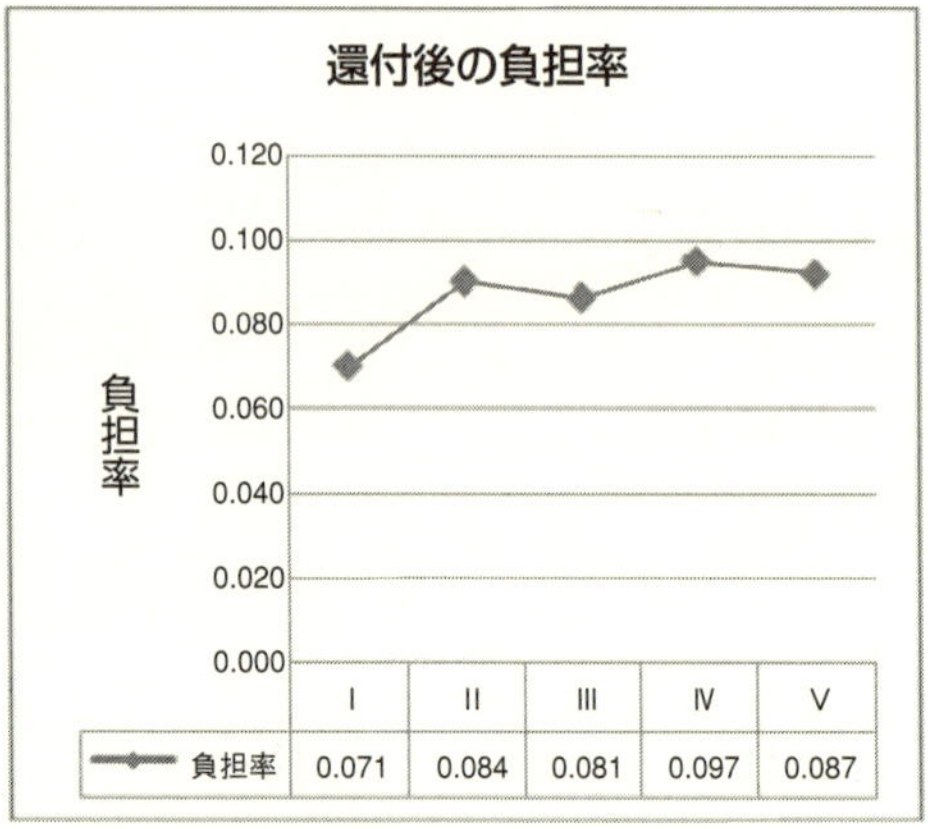

注１：消費税を20%に増税し、所得階層Ｉ～IIIの各階層に年額10万円
　　ずつ還付した場合の階層別負担額

２：ａは還付後の負担額が、上向きの棒グラフに示されている
　　ｂは、還付後の負担率が、示されている

３：筆者が作成

出所：総務省『家計調査年報（勤労者世帯）平成21年度版』による

（2）第Ⅰ～第Ⅲ階層まで定額還付：全体の「逆進性」緩和

▼逆進性問題に対する最も分かりやすい解決策

前頁の図には、第Ⅰ分位～第Ⅲ分位までの3階層を対象として還付する方法が、示されている。消費税を20％に増税した後に、以上の3階層を対象として、年間一律10万円を還付する方法である。

この場合、低所得者の消費税負担税額から還付額を差し引いた「純負担額」が激減する。その結果として、現行の消費税について一般にいわれている逆進性が緩和されて、所得に対して累進的な負担比率に変わる。その結果として、高所得者になるにつれて、税負担率が高くなるため、従来から続いている「逆進性」論議に終止符を打つことができる。

3　低所得者限定の実額積算控除：必需品購入額を還付

▼理念としての実額控除方式

前述のように、消費税の還付には、実際に必需品購入の際に支払った消費税を実額控除する方法と、あらかじめ定められた一定額を一律還付する方法とが考えられる。

低所得者の生活を困難にしないという趣旨からすると、必需品購入に対する消費税負担額の一部を「実額控除」によって還付することが、最も分かりやすい解決方法であるが、実際に採用される可能性は低い。ただしこの方式は、消費税額還付の原点にある考え方なので、紹介しておきたい。

この「実額控除」は、各人の商品購入に伴う納税額を示して、必需品等の商品購入に限定して、一定の金額の範囲内で税額還付を請求する方法である。

税額還付を実施する場合、低所得者が負担した生活必需品購入額に課税された消費税額の大きさを示す必要がある。その手段として、課税された消費税額を「内税」で示したレシートや領収書をそろえて持参すれば控除できるようにする制度が考えられる。たとえば、年収352万円以下の第Ⅰ階層（43頁）を低所得者と考え、これに限定して、実施することができる。領収書の添付については、現行所得税における確定申告における医療費控除等の所得控除を思い浮かべると、理解しやすい。

消費税の納税額の多寡に応じて消費税を還付することができれば、最も正確な還付となる。そうすれば、低所得者が「健康で文化的な生活」を維持するために生活必需品を購入する際に負担した消費税の全額を還付できる。

そのためには、所得税の医療費控除と同様に、1年間の消費生活を示す家計簿に示された購入商品の領収書を添付して申告することによって、各人の納税額を確定する必要がある。

しかし実際には、このような方法は、「領収書」を収集する際にたいへんな時間と労力を要するため、納税コストを高めることになる。また、消費者にとって納税手続きが簡素な消費税の姿をゆがめることになる。

▼所得税の「特定支出控除」に習う：適応事例は少ない

以上の実額還付制度は、所得税における給与所得者の課税の偏重を是正するために導入された「給与所得控除」から類推すると分かりやすい。この場合、原則的には各所得階層に応じて作成された「控除率表」に応じて、控除額が自動的に算出される。

ただし、それを超えて既定項目の範囲で必要経費を支出したことを証明できる領収書を提出すれば、「実額控除」が適用される。この実額控除方式は、所得税の給与所得控除における「特定支出控除」として、実施されている。これは、サラリーマン等の給与所得者において、定額控除を超過する特別な支出額がある場合には、領収書を添付して申告すれば所得控除される制度である。

しかし実際には、年間の応募者は少なく、適用対象と認められる実施例はわずかしかないため、税務署の事務負担も国の資金負担も少ない。

▼本書の5段階所得の消費者統計に適用すると

この方法に学べば、たとえば5段階の所得階層のうち、年収352万円以下の最低所得階層に限定して、年間10万円を定額還付する方法がある。

その上さらに、生活必需品のうちで重要な支出項目として、あらかじめ定められた特定支出項目に限定して、以上の定額10万円を超過した部分の実額控除を認める方法も考えられる。この場合の特定支出項目には、医療、介護、教育、学術図書等が、考えられる。これらの項目は、消費税20％以上を基準とする西欧諸国で、軽減税率の対象となっている項目である。

しかしその場合の問題としては、消費税還付権利を持たない高所得層が、還付権利を持つ低所得層に高額商品の買物を頼むか、あるいは、大量の領収書を持つ高所得者から低所得者が領収書をもらうことによって、税額還付額を不当に増額するなどの問題が生じやすいことが指摘されている。

所得税の医療費控除や特定支出控除等の所得控除の場合にも同様な不正行為が指摘されそうだが、その場合には、高額の医療費について病院が発行する領収書等の記載で支出者の氏名などの個人情報が示されているため、同様の問題は起きにくい。そのことを考慮すると、実額積算控除よりも、中低所得階層等に限定した定額控除とする方が現実的な面もある。

第2節　「低所得者」の認定方法

1　消費税額の還付対象となる「所得額」の認定方法

▼「低所得者」の認定方法：所得税の「課税所得」が規準

消費税の税額還付は、低所得者の「逆進性」緩和を目的として実施される。還付を実施するためには、どのような方法を採用した場合でも、還付される人々が「低所得者」であることを認定する必要が生じるため、その手続きを省くことはできない。いずれの方法を採用しても、全納税者の1年間の所得額を確定することによって、「低所得者」を認定する必要がある。

具体的に言えば、低所得者への消費税還付の大前提として、課税の元になる所得証明によって、たとえば「年収350万円以下」など消費税還付要件に該当する階層に所属することを証明する必要が生じる。

この場合、所得を低く認定されるほど、より多くの消費税還付を受けられるため、その認定方法が大きな問題になる。現行制度上、所得の高低についての基準を求めるには、所得税の納税額を算定する際の「課税所得」を基準にする以外にない。つまり、所得税の納税額の元になる「課税所得」を基準として消費税を還付する方法が有力になる。

▼所得税の捕捉率の不均衡：負担が給与所得者に片寄る

一般に、「所得税の課税所得が少ないほど低所得者である」と考えがちだが、実際には大きな問題に直面することになる。所得税は、給与所得や事業所得等の業種ごとの所得の捕捉率が違うという点で、元々不公平な税制だからである。所得税の捕捉率は、俗に「給与所得者10、自営業者5、農業従事者3、政治家1、（トー・ゴ・サン・ピン）」と呼ばれるほど、不公平である。

そのため、万一現行所得税の課税台帳に基づいて消費税還付額を決定すれば、源泉徴収制度によって「課税所得」を100%捕捉される給与所得者よりも、それを過少申告している事業所得者の方が「低所得者」と認定されやすい。

このことによって所得税の捕捉を逃れている事業所得者の方が消費税をより多く還付された場合には、業種間の捕捉率格差による不公平の問題が増幅されることになる。

給与所得者の間に限定すれば、所得税の課税の基準となる「所得」が完全に捕捉されている。そのため、消費税還付に際して、所得税の納税基準となる課税所得を基準にすると、給与所得者の中での所得の高低に応じた消費税還付が期待できる。

ただしこの場合でもニートやフリーター等の定職に就いていない超低所得者は、短期雇用で転職を繰り返す場合が多いため、給与の名寄せが容易ではない。課税所得税が少ないほど還付額が多くなるとすれば、過少申告をすることによる過大な還付を防止する必要が生じる。

さらに、実際の所得額は多くても、それを調整して低く申告できる事業所得者は、元々課税所得税を過少に申告する場合が多いため、高額還付を期待できる。

要するに、所得税の課税所得の少ない人ほど消費税を多く還付すると、所得の捕捉率の低い自営業者等が所得税を過少申告していても消費税が還付されることになる。飲食業等のサービス業で脱税が容易な捕捉率の低い業種ほど所得税を支払わなくて済んでいるからである。

万一現行所得税の課税台帳に基づいて消費税額を還付すれば、所得税負担額の低い業種の人々が「低所得者」と認定され、消費税を最も多く還付されるため、業種間の捕捉率格差による不公平の問題が増幅される。

▼消費税導入の目的：所得税の捕捉率の低い業種も一律に払う

そもそも前述のように、平成元年に消費税が創設された大きな理由の一つは、所得税における課税所得の捕捉率が業種によって甚だしく不均衡なためである。この不公平な所得税だけに依存することを改めて、業種にかかわらず万人が平等に支払う消費税で税体系を補完する必要が生じたためである。このことは、消費税の「水平的公平」として、広く認められている。

そのため、現行所得税の捕捉率が不公平なままで、所得税の課税所得額を基準にして消費税の税額還付を実施することは、矛盾している。これではまるで、所得税という液状化現象で地盤沈下する不安定な敷地に消費税という耐震構造の立派な建築物を建てるようなものである。

以上のことから、低所得者を対象とした消費税還付方法は望ましいとしても、それを実施するために「低所得者」の範囲を規定する適切な方法がなければ公正な実施はできないということになる。

2　「納税者背番号制度」導入で正確な「所得」捕捉が可能か？

前述の消費税の還付対象となる「低所得者階層」を確定することは、容易ではない。西欧諸国では、納税者番号制度の導入によって、すべての所得の総合課税が促進されている。それに対して日本では、納税者背番号制度がないために、課税所得額の捕捉率が低い。そのため現状では、申告しない隠れ所得が生じて、誤って「低所得者」と認定されてしまうおそれがある。

▼現行制度上の納税者等の把握措置

現行制度でも、すでに納税者背番号制の前提となる制度が存在する。たとえば、（1）社会保障分野の基礎年金番号[注]による全国民の年金情報の一元化、（2）地方自治体の住民基本台帳ネットワークシステム（住基ネット）による国民健康保険、国民年金管理等によって、すでに共通番号制の基礎が固められている。

これらの制度を発展させて、国税庁所轄の国税支払いに関する共通番号と社会保険庁所轄の社会保障番号を統合する共通番号制度の導入が求められている。ただし、その実施には行政側の事務負担コストが大きく、国の行政コストだけで数千億円の費用がかかると言われている。

▼納税者番号制度とは：経済産業研究所

個人所得を把握する手段として、納税者背番号制の導入が必須だとする議論があるが、せいぜい個人所得の名寄せによって、利子・配当所得の総合課税を促進する程度の効果があるにすぎない。残念ながらこの制度は、事業ごとの所得の捕捉率の均衡という大きな課題には、あまり役立たない。

経済産業研究所HPでは、森信茂樹講演会「納税者番号を巡る議論について—納税者の立場から」議事録（２００９年3月10日）が、公開されている。そこに、納税者番号制度の要点が記載されている。

「納税者番号制度というのは、納税者の識別や本人確認を、番号を使って効率的に行う仕組みです。税務当局は、納税者のさまざまな取引について、その相手方から支払調書や給与の源泉徴収票等を提出してもらい、納税者からの申告とマッチング（「住所・氏名」による名寄せ・突合）させることにより、適正な課税を執行しています。このシステムは情報申告制度（法定資料制度）と呼ばれており、この仕組みが有効に成り立つためには2つの条件が必要となります。第1に、情報に記され

注：〔基礎年金番号〕従来、公的年金の番号は厚生年金・国民年金加入者が10けた、国家公務員が14けた、地方公務員が8けたなどと、制度ごとに分かれていた。これらを10けたに統一して一本化したものが基礎年金番号である。１９９5年度からシステムの基本設計に着手し、97年1月から導入された。全国民の年金情報を一元化することで保険料滞納や加入漏れを防止し、無年金者をなくすことがねらい。ただ年金番号統一により納税者番号制が導入しやすくなり、国民総背番号化につながるという声もある。

た納税者の名義が真正で、本人確認されたものであること、次に、大量の情報を効率的に納税者ごとに名寄せし、本人の申告とマッチングさせるので、コンピューターを活用することです。そのためには何らかの番号制度が必要で、その仕組みが納税者番号制度です[9]」

以上のように、納税者番号制度は、個人所得の「名寄せ」をスムーズに実施できるようにする仕組みにすぎず、業種間の捕捉率の均衡化に役立つものではない。

また同資料では、以下のように、現行制度上すでに実施されている基礎年金番号と住民票コードという、その他の行政番号について説明している。

「われわれには、基礎年金番号と住民票コードが、生涯変わらない番号として付いています。ただし、基礎年金番号が付いているのは20歳以上のみです。ところが、金融所得や配当所得は20歳未満にも発生する可能性があるため、基礎年金番号より、より悉皆（しっかい：包括）的な住民票コードを納税者番号とした方が良いという議論があります。ただ、住民票コードとなると、今度は、外国人に付いていない問題をどう解決するかを考えなければなりません。基礎年金番号は法律に依拠する制度ではないという大きな問題もあります。日本で現実的に活用できる番号はこれら2つの制度のいずれかなので、今後は、どちらを活用するかという観点から議論が進められていくと思われます[9]」

さらに同資料では、政府税制調査会が納税者番号を検討する場合の目的について、説明している。

「納税者番号制度ではどのような情報を収集するのでしょうか。この問いに対する答えを考えるには、制度を導入する理由を明らかにしなければなりません。従来、政府税制調査会は、納税者番号制度を導入する理由として次の3つを掲げてきました。

（1）税務行政の機械化・効率化のため

（2）利子・株式等譲渡益の総合課税のため

（3）相続税等の資産課税の適正化のため(10)」

以上のように、納税者背番号制度を導入すれば、世帯主を中心に、すべての国民の1年間の様々な所得を一括して把握することによって、各個人の給与所得を中心とする様々な所得が一覧で把握されやすくなる。納税者ごとに多様な所得の源泉を一括管理すれば、現行所得税の総合課税を徹底できるようになる。

納税者背番号制度を導入すれば、納税者背番号を提示しないと銀行口座を開けないため、銀行口座の管理等によって、銀行預金の利子や株式の配当などが透明化されることにより、利子・配当所得等の総合課税が促進されると言われている。これまで所得の捕捉を逃れて非課税となっていた巨額な資金の流れが透明化するため、納税意識がやや高まることも期待されている。

▼納税者番号制度に対する事業者の反対

以上のことが事業所得者にも波及すれば、還付制度の準備作業としての納税者背番号制度の実施は、銀行預金口座の名寄せ管理が進むため、「事業所得者の所得の捕捉」という意図せぬ副産物をもたらす可能性が高いため、事業所得者からの反対も強まるであろう。

しかし、仮に納税者背番号制を導入しても、所得税の大半は捕捉率の高い給与所得者の源泉徴収を通じて納税され、捕捉率の低い事業所得者の所得は課税されないままに留まるため、業種間の不公平という問題が、抜本的に解決されるわけではない。

3　給付付き税額控除

▼「所得税額」からの還付も有力：所得税納税額に限定還付

消費者が負担した消費税額のうち、生活必需品に相当する金額の一部について、すでに納税した「所得税額」から、所得控除を通じて還付する方法も考えられる。

この消費税の還付制度が効果的な理由は、所得税を支払った納税者に限って、「納税所得税額」を限度として還付を認める方法である。つまり、所得税の捕捉率が低いために税負担をのがれている事業所得者には、還付されない。

この制度は、消費税負担額の一部を所得税から還付する点で、たとえて言えば、「江戸の敵を長崎で討つ」ようなものである。

▼「課税最低限」以下の低所得者には、現金給付

先述の所得税額からの還付方式では、「課税最低限」以下の課税所得しかないため所得税を一切納税しない低所得者には還付されない、という問題が生じる。そこでこの「給付付き税額控除」では、所得税を払わない低所得者には、消費税負担額の一部について、「現金支給」を実施することで、再分配の問題を解決しようとするのである。

鎌倉治子「諸外国の給付付き税額控除の概要」(国立国会図書館『調査と情報』第678号)では、前文「要約」で、以下のように説明している。

「近年、諸外国では、就労の促進や所得再分配の強化等を目的として、いわゆる給付付き税額控除注(税制を通じた給付措置等)の導入が進んでいる。その類型は、主たる政策目的に応じて①勤労税額控除、②児童税額控除、③消費税逆進性対策税額控除の3つに大別されるが、具体的な制度設計は

注:格差是正のための低額所得者優遇政策のひとつ。所得税を減税しても、低額所得でもともと納税額が少ないため、減税の恩恵があまり受けられない人に対して給付金を支給する制度。低額所得者対策となる以外にも、子育て支援や消費税によって低額所得者よりも高額所得者の方がより恩恵を受けるという逆進性への対策にもなるため、欧米各国で導入されており、日本でも導入が検討されている。(『マネー辞典 m-Words』「給付付き税額控除」2009・10・10更新)

国によって異なる部分も大きい。一例を挙げれば、相殺の範囲や相殺と給付の関係、勤労税額控除とする場合の勤労へのインセンティブの付与の形態、所得捕捉や不正受給防止のための方策等である。アメリカで勤労所得税額控除が導入されてから30年以上が経過し、諸外国の経験も蓄積されてきている。他国の経験を参考に、日本における議論が深まることが期待される(11)」

以上のように、給付付き税額控除には、三つの政策目的がある。本書では、このうち③の「消費税逆進性対策税額控除」に力点が置かれる。以下の民主党政権の税制改正で給付付き税額控除が重点政策になった背景には、これ以外に②の「児童税額控除」と連動したものと思われる。

同論文では、さらに「はじめに」などで、以下のように述べている。

「民主党は、『平成22年度税制改正大綱』(平成21年12月22日公表)において、個人所得課税の所得再分配機能や財源調達機能が低下していると指摘した上で、その改革の方向性の一つとして「所得控除から税額控除・給付付き税額控除・手当へ転換」を進めるとした。いわゆる給付付き税額控除(税制を通じた給付措置等)とは、就労の促進、所得再分配の強化等を目的として、近年、諸外国で導入が進んでいる制度である。……給付付き税額控除とは、文字通り、社会保障給付と税額控除が一体化した仕組みである。具体的には、所得税の納税者に対しては税額控除を与え、控除しきれない者や課税最低限以下の者に対しては現金給付を行うというものである。その考え方の源泉は、フリードマンの負の所得税に求められる。……旧来の税額控除の場合、納税額が少ない者や課税最低限以下の者に対しては恩恵を十分に及ぼすことができないが、給付を組み合わせることで、その限界を克服する仕組みとなっている(11)」

4　近年の民主党『税制改正大綱』：「給付付き税額控除」

(1)『平成22年度税制改正大綱』平成21年12月22日公表

平成21年12月22日に公表された民主党『平成22年度税制改正大綱』では、「個人所得課税」の項目で、「所得控除から税額控除・給付付き税額控除・手当へ」という見出しで、給付付き税額控除の導入の検討を謳《うた》っている。

「現行所得税の所得控除制度は、結果として、高所得者に有利な制度となっています。なぜなら同額の所得を収入から控除した場合、高所得者に適用される限界税率が高いことから高所得者の負担軽減は大きくなる一方で、低い税率の適用される低所得者の実質的な軽減額は小さくなるからです(12)」

所得税の控除制度を考える場合に、給与所得控除制度は、子供を対象とする扶養控除等を実施する場合、限界税率の高い高所得者に有利なため、税額控除制度に変えるべきだという主張が、その改正の前提になっている。

この大綱では、所得控除制度については、課税所得の大きさに応じて所得控除額がふえる仕組みの公平性を理解していない記述になっている。これに関連して、高所得者の勤労意欲の促進という課題については、一切考慮されていない。給付の一環として、子供手当として、各所得階層に一律の金額を支給することを狙っているが、これについては、税額控除とは別の福祉政策の課題とすべきである。

この税制改正大綱ではまた、「給与所得控除の見直しと併せ、特定支出控除の対象範囲を拡大することにより、給与所得者にとって使いやすい制度とすることを検討します[13]」と主張している。ここでは、事業所得者の捕捉率が低いことと比較して、給与所得者だけが課税所得を100%捕捉されるという所得税の業種間の捕捉率の不公平性についての認識は見られない。特定支出控除をどれほど拡充しても、この問題は少しも解決されないのである。

同大綱では、以下のようにも述べている。

「さらに、所得再分配を高めていくために、『負担付き税額控除』の導入も考えられます。これは税額控除を基本として、控除額が所得税額を上回る場合には、控除しきれない額を現金で給付するといった制度です。給付とほぼ同じ効果を有する税額控除を基本とすることから、手当と同様に、相対的に低所得者に有利な制度です。……給付付き税額控除は多くの先進国で既に導入されています。我が国で導入する場合には、所得把握のための番号制度等を前提に、関連する社会保障制度の見直しと併せて検討を進めます。……以上で述べた税額控除・給付付き税額控除と手当などの社会保障政策のベストミックスで『支え合う』社会を構築していきます[14]」

ここでの「給付付き税額控除」の意味は、前述のように、所得税を負担しない課税最低限以下の低所得階層に対しては、現金で給付するものである。

▼民主党政権：三党連立合意で消費税増税を否定

民主党政権は、平成22年度の税制改革大綱において、消費税について「（社会民主党、国民新党を含めた）三党連立合意によって、政権担当期間中の増税は行わない」という方針を再確認している。さらに、消費税の「逆進性」を前提としたうえで、その緩和策を（所得税における）「給付付き税額控除」の導入によって実施することを主張している。

「消費税については、三党連立合意において、『現行の消費税5％は据え置くこととし、今回の選挙（平成21年8月の衆議院総選挙）において付託された政権担当期間中において、歳出の見直し等の努力を最大限行い、税率引き上げは行わない』との方針を示しています。……消費税は景気に比較的左右されない税目であり、我が国の基幹税目となっています。一方、消費税には所得が低いほど負担感が強い、いわゆる逆進性が指摘されるところです。逆進性対策として、軽減税率も考えられますが、非常に複雑な制度を生むこととなる可能性があることなどから、『給付付き税額控除』の仕組みの中で逆進性対策を行うことを検討していきます。……消費税のあり方については、今後、社会保障制度の抜本改革の検討などと併せて、使途の明確化、逆進性対策、課税の一層の適正化も含め、検討していきます(15)」

(2)『平成23年度税制改正大綱』平成22年12月16日公表

平成22年12月16日に公表された民主党『平成23年度税制改正大綱』では、消費税の財源としての重要性を認めている。将来の消費税増税に際して、社会保障目的税とすべしと主張している。

ここでは「逆進性」の緩和対策として、制度を複雑化する複数税率よりも簡明な「還付制度」を実施すべしと謳っている。

「消費税のあり方については、民主党『税と社会保障の抜本改革調査会中間整理』(平成22年12月6日)で指摘された以下の基本的な考え方などを尊重しつつ、今後、社会保障制度の抜本改革の検討などと併せて、その具体的内容について、早急に検討を行ってまいります。あわせて、消費税制度の信頼性を確保していくために、一層の課税の適正化にも着手していきます。……『社会保障の財源は、税制全体で「所得・消費・資産」のバランスのとれた改革を行う中で確保していく。社会保障全体の財源は税制全体で確保していくが、その中でも「国民全体で広く薄く負担する」「安定した税収」という特徴を有する消費税は非常に重要である。「公平・透明・納得」の税制を築き、社会全体が支え合う新しいモデルを構築していくためには、およそ所得税改革だけでなし得るものではなく、消費税を含む抜本改革に政府は一刻も早く着手すべきである。』……『社会保障の安定・強化を目的に消費税の引き上げを提起する場合には、国民の理解と納得を得るためにも、消費税を社会保障の目的税とすることを法律上も、会計上も明確にする。その際の「社会保障」とする給付費の範囲は、まずは高齢者3経費を基本としつつ、現役世代のセーフティ・ネットの安定・強化についてどこまで対象とすることが適当か、検討を行っていく。将来的には「社会保障」全体について安定財源を確保することにより、制度の一層の安定・強化につなげていく。また消費税率が一定の水準に達し、税・社会保障全体の再分配を見てもなお「逆進性対策」が必要となった場合には、制度が複雑となり、また政治的な要因が働きやすい「複数税率」よりも、制度が簡素で、透明性の高い「還付制度」を優先的に検討する[16]』」

ここで複数税率よりも還付制度を推奨していることについては、税体系を複雑化せずに現行の簡素な税制を維持することで、社会全体の税務コストを低く保つ点で、合理的な考え方であり、評価できる。

5　複数税率は「逆進性」を緩和しない

▼次の統計図表の説明：軽減税率に含まれる項目

次の図では、現行5％の消費税率を（1）10％の単一税率として増税した場合と、（2）5％軽減税率、10％標準税率の複数税率によって増税した場合の所得階層間の「各所得に占める消費税負担

図7-3　複数税率による所得階層別負担構造

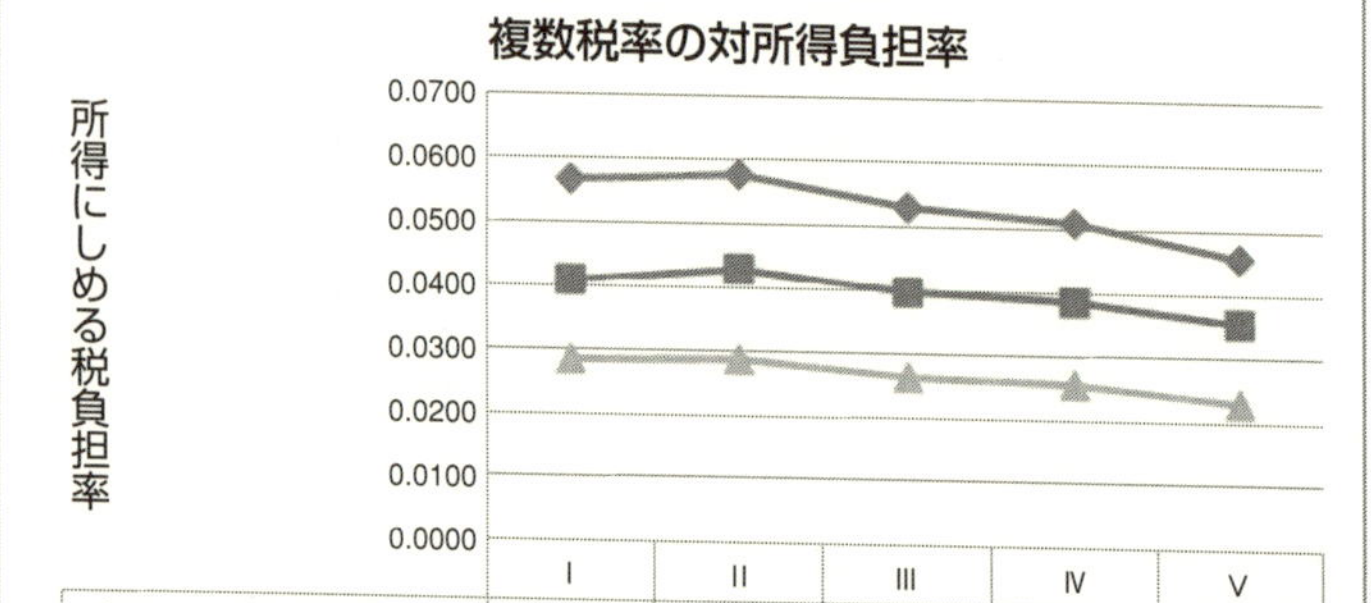

	Ⅰ	Ⅱ	Ⅲ	Ⅳ	Ⅴ
10%単一税率	0.0567	0.0576	0.0530	0.0509	0.0459
5%、10%複数税率	0.0408	0.0428	0.0397	0.0386	0.0353
現行5%消費税	0.0270	0.0274	0.0252	0.0243	0.0219

出所：総務省『家計調査年報（勤労者世帯）平成21年度版』による

率格差」、つまり「逆進率」の変化について、図説している。

ここでは、生活必需品の代表品目である食料品などの基礎的な商品を5%、それ以外を10%税率という複数税率を導入している。この図で5%軽減税率の対象になるのは、食料品、光熱・水道（光熱費）、交通費（公共交通等）、通信費、教養娯楽サービス費（書籍・学習）等である。その選択基準は、憲法で定められた「健康で文化的な生活」をするために必要な、低所得階層の支出の大半を占める経費である。

▼複数税率は「逆進性」を緩和しない

近い将来の消費税率10%などへの増税に伴って複数税率を採用すれば、消費税の「逆進性」を緩和できるという主張がある。この主張は、「所得の多い人が多くの税負担をすべし」とする前述の垂直的公平という租税負担原則を根拠にしている。

それでは5%、10%という複数税率を導入した場合には、所得間の消費税負担格差は改善されているだろうか。

増税前の5%消費税の段階では、第Ⅴ階層の負担率0・0219/第Ⅰ階層の負担率0・0270=0・811となる。それに対して、10%増税に伴って複数税率に移行した場合には、第Ⅴ階層の負担率0・0353/第Ⅰ階層の負担率0・0408=0・865となる。

階層間の負担率の格差が全くない状態が「1」なので、わずかながら改善されていることになる。厳密に言えば、〔複数税率の負担格差0・865―現行の単一税率の負担格差0・811=〕0・054だけ、改善されたことになる。

鳴り物入りで複数税率を導入しても、負担率格差の改善は極めて僅少な数値に留まっている。これでは文字通り、「大山鳴動してネズミ一匹」の結果しか得られていない。複数税率導入に伴うインボイス方式の導入等の税務コストの増大を考慮すれば、全く割に合わない制度なのである。

ただし以上のことを考慮しても、消費税の公平性についての説明責任を果たせない政治家が、国民の気持ちをなだめるために、複数税率の導入によって増税を納得してもらえるなら、決して架空の政治選択ではない。

複数税率は、西欧各国で品目ごとの税率の仕分けをめぐって税制の大混乱をもたらしているので、長続きする可能性は乏しいため、増税後に遠からず単一税率に戻ると予想されるからである。

▼絶対的貧困者は生活保護等の社会保障で救済

上述のように、日本で所得格差が広がっているといっても、60年代の高度成長期と80年代のバブル経済期を経て、すでに全般的に豊かになった日本社会では、生活必需品や娯楽品を全く購入できないような絶対的な貧困者は少ない。

少数の絶対的貧困者の立場に立つなら、歳入面での消費税の軽減を考えるよりは、政府の歳出面での生活保護等の福祉政策の充実によって対応すべきである。

▼高所得者の方が生活必需品をより多く購入する

これまで見たように、ほとんど全ての商品について、高所得者の方が低所得者よりも商品を大量に購入するのだから、生活必需品の購入額についても同様の結果が見られ、またそれに対応して多額の消費税額を負担している。

しかも、同じ生活必需品であっても高所得階層になるほど大量に購入する傾向がある。たとえば毎日使う歯ブラシやタオルなどの消耗品の場合、高所得者になるほど高品質の商品をより頻繁に買い替える。したがって、複数税率を導入しても、階層別消費税負担額という実態から見ると、低所得者軽課という当初の目標を達成することは困難である。

▼低所得者も贅沢品や娯楽品を購入する

複数税率導入に際して、軽減税率の対象とならない「贅沢品」については、たしかに高所得者が比較的多く購入する。しかし、低所得者も購入比率は少ないが、頻繁に贅沢品を購入する。そのため、高所得者だけが重点的に購入するような贅沢品を見出すことは困難である。

低所得者の購入商品の内訳を見れば、高所得者の内訳よりも、生活必需品がより多く含まれていることは疑いがない。しかし、低所得者であっても、複数税率導入の場合の高税率課税の対象となる贅沢品や娯楽品品等も多く購入するため、高税率課税の対象となってしまうのである。

▼食料品軽課税は、メディアの「格差社会論」が先導

食料品等の生活必需品の課税軽減策は、前述のように低所得者の生活費が食費中心に成り立っているかのような錯覚に基づいている。この考え方が主流になったのは、近年メディアで盛んに喧伝されている「格差社会論」に原因がある。

そこでは、大手メディアや批判政党が主導して、日本には食事もできないほど困っている絶対的貧困者であふれているかのようなイメージが語られ続けている。しかし統計実態で見る限り、日本

は消費生活では世界でもまれにみる平準化が進んだ社会である。日本にまだ多くの貧困が残っているのは、主として住宅の質や住宅環境に代表されるストックの面である。

格差社会論の台頭の理由は、人々が高度成長期前の社会を深刻な貧困や格差を忘れて過去を美化し、逆に現在の問題点を過大に見て、両者を比較することによる。つまり、人々が過去を美化する心理的な要因に大きな原因があるものと思われる。

▼まとめ：軽減税率は逆進性緩和に役立たない

食料品等の生活必需品の課税軽減が、低所得者の消費税負担の軽減のための特効薬であるかのように語られてきた。たしかに、食料品等の消費量は所得増加に比例して伸びないために、極くわずかながら逆進性を緩和できる。

しかし実際には、軽減税率の適用対象候補となる品目については、所得の高い世帯でも購入量が多いため、逆進性の緩和にはほとんど役立たないのである。

以上のように、複数税率導入の場合に軽減税率が適用される必需品については、低所得者よりも高所得者の方がより多く購入する。他方、高所得者だけが購入すると信じられている贅沢品については、比率は少ないが、低所得者も頻繁に購入している。

そうすると、複数税率を導入しても、低所得者の負担率はほとんど改善されない。日本のような階層間の生活の同質性の高い社会では、低所得者が重点的に購入するような生活必需品を見出して、その品目にだけ重課税することは困難なため、複数税率で負担格差を改善することはできないという結論になる。

6　消費税還付・給付付き税額控除の問題点

▼低所得者向け還付は負担分任原則に反する

そもそも、一部の階層に対してだけ、負担した消費税額分を返還することは、国民の納税義務等を支える理念としての「負担分任」の原則上、問題が大きい。

所得税還付方式であれ、給付付税額控除であれ、還付制度の大きな問題点の一つは、「税はみんなで負担すべし」とする「負担分任」の理念に反するという点である。負担分任とは、「国民の選挙権や社会保障を受ける権利は、それに見合った納税義務と表裏一体である」という考え方である。

負担分任の考え方は、国民が平等に行政サービスを受けるので、その対価として行政コストをみんなで平等に負担するという考え方である。つまり、国民すべてが少しずつ納税することによって、納税額の大きさに応じて政治に関心を持ち、選挙で投票の義務を果たすことを意味する。

後述するように、全階層に対して平等な社会保障給付を実施すると、(消費税負担額―社会保障給付額)で計算した場合に、所得に占める「純給付額」で比較すると、低所得階層の享受する純利益が最も大きい。そのため、さらに消費税を還付すると、逆の不公平が助長されることになる。

▼課税最低限以下の低所得者は、所得税を負担しない

所得税にはそれ以下の所得では課税されない「課税最低限」が設定されているため、課税所得金額が給与取得控除や人的所得控除等を控除すると課税所得が一定水準に達しない所得階層は、税負担をしないで済む。それに対して、階層別の消費額の大きさに応じて、消費税だけはわずかながら課税されているため、「税金は皆で負担すべし」という水平的公平を担保している。

平成22年度の所得税の課税最低限は、独身114・1万円、夫婦156・6万円、夫婦子1人220万円、夫婦子2人（特定扶養1）325万円、特定扶養無283・3万円となっている[17]。

年収300万円以下の低所得者に限って見ると、夫婦・子供2人（特定扶養1）、合計4人の世帯なら、配偶者控除や扶養控除等の所得控除が差し引かれると、元々所得税が全く課税されていない。そこで所得税の課税対象となるのは、夫婦（子1人）のみの世帯か独身者のみである[17]。

以上のように、日本の所得税では、所得がそれ以下では課税されない課税最低限が世界最高水準に高く設定されているため、低所得者の大半には所得税が課税されていない。

行政サービスは国民が支払う租税の対価としての反対給付であるという「租税利益説」の考え方からすると、行政サービスを受ける者は、低所得者であっても少額の消費額に見合った消費税を負

担すべしということになる。そのため、低所得者に対してのみ、行政サービスの対価としての消費税負担額を還付するという考え方は、租税原則に反している。

▼所得税を負担しない事業者等への還付は矛盾している

以上のように、消費者が支払った「消費税額」を低所得者中心に還付する方法では、所得税を捕捉されない事業所得者に対しても還付されてしまうという問題が発生する。

税金を負担していない所得階層に対してさらに消費税の還付金を追加給付することは、税負担の公平原則に反する。前述のように、所得税には捕捉率の格差が大きく、自主申告で所得を過少申告できる自営業者の負担が小さいからである。

所得税の捕捉率は業種ごとに異なり、給与所得者の１００％から飲食業等のサービス業のゼロに近い水準まで、大きな開きがある。この不平等を補完するために、全国民が平等に支払う唯一の基幹税目として、消費税が導入されたのである。

サービス業等の捕捉率の低い業種では、所得を獲得した段階で課税される所得税をのがれても、その資金を支出に回すと、その段階での消費税の負担だけは逃れられないからである。

実際の所得を過少申告することで所得税を過少申告している「低所得者」にまで還付すれば、不当な還付による「逆再分配」が生じるため、不公平が増大する。還付金額が少なければそれほど大きな問題ではないが、低所得者が負担した消費税分の多くを返還すれば、その影響は大きくなるのである。

▼事業所得者への還付問題

仮に、真の低所得者に対する負担付税額控除における「現金給付」には問題がないとしても、捕捉率の低い事業所得者への還付には問題が生じる。この問題は、仮に納税者番号制度を導入しても、抜本的な解決は望めない。

そもそも消費税の導入は、所得税の捕捉率の不公平を大型間接税の導入によって補完するために実施されたものである。そのことを考慮すれば、消費税の公平性の維持という問題について、もともと捕捉率の不公平が改善されないため増税を断念した所得税に頼ることは、矛盾している。

前述のように、これではまるで、消費税という堅固な構築物を所得税という緩い地盤の上に再建するような愚かな行為である。

▼所得税の納税を条件とした消費税還付

以上の事業間の所得の捕捉率の違いという問題を解決するために、所得税を納税していることを条件として消費税の税額還付を実施することも考えられる。この場合に期待できる派生効果として、これまで長年にわたって「課税所得」を過少申告してきた事業所得者が、わずかな所得税を納税することによって、「消費税還付資格者」の仲間入りしようとすることが予想される。それによって少しでも捕捉率が高まることで納税額がふえれば、徴税効果が高まることになる。

7　結論：税額還付は必須ではないが「方便的」な解決策

▼結論：低所得者の消費税負担額は少ないという問題

前述のように、各階層ごとの消費額は所得額に比例しているため、所得額が大きくなるほど負担する消費税額が大きくなる。そうすると、高所得者の消費税負担額は大きく、他方、低所得者の消費税負担額は少ない。各階層が平等に税負担をするという公平性を意識するなら、低所得者にではなく、高所得者の方に消費税を還付すべしということになる。つまり、低所得者に消費税を還付する行為自体が、矛盾に満ちていることになる。

▼還付による「逆進性」緩和措置は必須ではない

前述のように、本書では「逆進性」問題は実態的にみて、何一つ低所得者にとっての不公平をもたらしていないと考えている。したがって、不公平を是正するための還付制度の適用は不要だと考えられる。むしろ、低所得層の税負担のみを軽減しようとする還付制度の適用は、新たな不平等をもたらすため、導入する必要はない。

これまで見てきたように、消費税は低所得者に有利な税金なので、すでに公平性は十分に達成されている。そのため、日本では消費税率が10%～20%にアップしたとしても、特別に低所得者に対するしわ寄せが大きくなることはない。そこで、増税に際して特別に低所得者向けの負担緩和措置を講じることは不要である。

本書で十分に説明したように、低所得者は格安商品の購入等を通じて、消費生活において他の階層よりも優位に立っているので、消費税の増税分を安く購入することは容易だからである。

また、日本のように事業者の所得税の捕捉率が低いままで放置されている国では、各業種間の課税所得の捕捉があいまいになっている。その状態で課税所得額の大小を基準にして消費税還付を実施すれば、所得税の脱税者に消費税をさらに還付することになり、租税の公平性をいっそう損なうからである。

本書における「消費税還付制度」の導入についての結論は、還付の意義は全く見出せない、というものである。その理由は、低所得者の消費税負担額は元々少ないため、これ以上還付する必要はないからである。

▼消費税収入で生活保護を拡充：究極の再分配

一般に、税額還付方式の採用を推奨する理由として、低所得者層の中には、真面目に働いても所得税を払えるほどの所得を稼げない最低所得階層の人々がいることが、挙げられている。しかしこれらの人々に対しては、税額還付をしなくても、消費税の税率アップによる増収分の財源を活用し、生活保護を手厚く支給すれば、消費税増税の恩恵を最も大きく受けることができる。もちろんこの場合には、厳格な管理体制の下で、生活保護費の不正受給を防止しなければならない。

▼妥協策としての還付制度の導入

仮に、本書の説明がいかに説得的であったとしても、消費税の「逆進性」が不公平を生むという国民に広く行き渡った誤解が続けば、増税が困難な状況が続くことになる。その場合、国民の大半が、「消費税の公平性」という真実を知るまでには時間がかかりすぎる、という懸念がある。

そうなると、政府の財源不足の深刻化によって、社会保障や景気対策等の政府施策の実施困難な状態が続く。それと並行して、国・地方の1000兆円にせまる累積赤字が増大することで、政府財政の危機が深刻化することになる。そうすると、国家の信用が失われる。それだけでなく、ギリシャのように経済社会全般が危機的状態に陥ることになる。

そのため、国家の財源問題を解決するために、政治家や国民が消費税の公平性に気づくまでの一定期間、低所得者に対する消費税還付制度を実施することは、やむをえない措置と考えられる。

その理由は、還付制度は「逆進性」緩和措置として、最も分かりやすい制度だからである。還付制度には様々な副作用があったとしても、消費税増税によって、政府の財源不足が引き起こす経済社会の病理を直す方が、はるかに効果が大きいからである。

消費税増税は、一旦実施すれば後戻りできない恒久的政策であるのに対して、還付制度は消費税に対する公平性認識が高まるまでの一定期間だけ実施すればすむ一時的な負担緩和措置として終結させることができる。このことも、筆者が税額還付制度を容認する根拠の一つである。

▼国民の納得を得るためには、政治家の妥協もやむなし

筆者は増税後の消費税についての望ましい姿として、以上の各項目にその論点を示した。しかし日本では、批判政党と大手メディアによる長年にわたる根拠のない反消費税キャンペーンによって、消費税についての国民の理解が、極端にねじ曲げられてしまった。とりわけ、消費税の20%台への増税を当然と考える西欧先進各国と比較すると、増税意識が極端に遅れている。

仮に、近い将来の政権政党とその協力政党が、本書の指摘する消費税の公平性について気づいたとしても、国民への説明責任を果たせるかどうかは、おぼつかない。万一、上述の還付制度を導入することで、当面の10%程度への消費税増税が可能になるなら、増税という大きな課題を実現するための妥協策としての税額還付制度の導入はありうる選択肢である。

社会保障目的税化など様々な追加的な制度の導入も、元々それ自体が公平な消費税制度にとっては、必須の政策ではない。しかしそれらの妥協的な措置は、自転車の「補助輪」のように、増税後数年してから廃止すれば済むなら、その一時的な導入に大きな問題はない。

ただし筆者は政治家ではないので、国民に対する説明責任を背負っているわけではない。真実を究明する前に政策実現のための妥協を考えたり提唱したりする必要はないと考えている。

おわりに

▼日本社会は医療難民であふれ始めている

日本社会の高齢化が進む中で、筆者の家族の周辺だけでも手厚い社会保障を必要としている人々であふれている。今筆者の周辺に起きていることは日本の縮図であり、10～20年後に団塊の世代が老齢化するころには、日本全体の問題となるであろう。

筆者の知人の老夫婦は、妻が何度も重病のがんで入退院を繰り返しながら、夫が脳卒中の寝たきり患者となり、病院難民を続ける中でようやく引き受けてくれた小さい病院で、生命維持装置を装着して5年8カ月間生死の境をさまよい、最近息を引き取った。

知人の中には、若年の非正規雇用の低所得者で、末期がんにかかりながら、高額な治療費を稼ぐために、薄給の派遣社員の仕事を続けて、数年前に壮絶な最期を遂げた人もいる。

近年の社会保障改革の一環としての医療費削減による医師不足と医療サービスの低下によって、

いくら体力が弱っていても、どこの病院も入院を認めにくくなっている。

大都市にあるがん専門病院の病棟はがん患者であふれかえり、1日100人単位の抗がん剤治療を実施しても、まだそれに入りきれない100人単位の治療待ちの行列ができている。長期間の自宅待機ができない重病患者は、居住地の近くの一般総合病院に通院するしか治療を受けるすべがない、という状態が続いている。

▼筆者の増税を求める立場は国家・国民の立場と合致

本書を書いた目的は、言うまでもなく消費税の公平性についての新しい考え方を世に問うという公共的な目的である。ただし、消費税増税による社会保障財源の確保という政策目標は、筆者自身の老後の生活の安定を考えた場合、個人的な利害にも完全に合致している。

通常経済学では、経済活動の利害関係を考慮すると、個人の立場と社会全体の立場が食い違うことが多いため、個人の利害を加算しても社会全体の利害の大きさにはならないことが多く、これを「合成の誤謬」という。

ところが今日の「社会保障の充実を願って消費税増税を求める」という視点については、一市民である筆者の立場が、そのまま国家や一般国民全体の利害関係と完全に一致している。

▼筆者の困難な生活状況：社会保障が必要

筆者は、昼と夜に大学の授業やゼミを数回実施した後で、コース会議、学科会議、教授会、入学試験関連業務、学期末試験関連業務といった様々な業務に従事している。そのうえ、毎年割り当てられる大学の各種委員会等の仕事をしている。そのことは一大学教員としての基本的な義務であり、何ら誇示するつもりはない。

筆者は、以上の大学の仕事をしながら、重病の家族の介護をする日々をおくってきた。筆者自身が健康にいくつもの不安を抱えている状態で、終わりの見えない重篤な病の家族の自宅看護を5年以上続けてきた。筆者は、地域のがんセンターに通院しながら自宅で長期療養生活をおくる妻に対して、毎日三度の食事を提供して、掃除、洗濯、買い物、ごみ捨てとめまぐるしい毎日をおくってきた。

妻の体が衰弱して歩行が容易でなくなっても、病院側はなかなか入院を認めてくれないのである。そのため、抗がん剤治療で衰弱しても自力で自宅へ戻るしかないという厳しい闘病生活を1年以上も続けてきたのである。

▼病院経営の悪化で家族看護の自宅療養を強いられる

近年の政府の社会保障財源の枯渇による医療制度の改正によって、病院経営が悪化している。そのため、重病患者であっても、手術等の治療がなければ、入院を認めてくれないため、自宅療養を強いられているのである。これでは、何のための入院制度か分からない状態が続いている。

しかし仕事で多忙な家族による老々介護には限界があるため、親切な知人の無償の付き添いによって、何とか遠くの専門病院に通院している。病気が長引くと、1回6万円、自己負担額2万円程度の高額医療費と1万円程度の交通費がかかる。これがいつまで支払えるか、定年間際の筆者には心配の種がつきないのである。

病気の妻は、体力が極度に衰えて歩行困難になったために、見るに見かねて、ようやく長年通院をした病院側から入院を認められ、体力回復に一縷の望みを託してきたところである。

筆者の母は体力と視力が衰えた要介護者であり、介護保険制度の対象者となり、自宅介護によって暮らしてきた。しかし、介護認定を上げてもらえず生活が困難になったため、一昨年遂に決心して、財産をはたいて完全介護の有料老人介護施設に入居した。

介護施設の職員はおしなべて親切だが労働条件が厳しいため、そこで働く介護士等の職員の離職率が高い。母は介護施設の経営悪化を心配しながら、介護士に気遣って不安な日々を過ごしている。政府の社会保障財源の拡充によって、老人施設で働く介護士等の待遇面が改善され、職場で定着する人が多くなることを望むものである。

▼低所得者ほど、増税による社会保障充実の恩恵が大きい

低所得者等の庶民は高額医療や差額ベッドを利用できないため、公立病院などで基本的な医療しか受けられない。そのため、医療制度の衰退の影響を最も強く受けることになる。

全国の都市ではがん専門病院が遠隔地にある場合が多いため、医療と住居が接近する「医住接近」という医療目標が達成されていない。このような状況では、低所得者ほど不利である。低所得者は通院のために仕事を休めず、仕事をやめると高額医療費と遠隔地への高額交通費が支払えなくなるからである。

民主党の鳩山元総理のように、親から10億円も贈与される高額財産保有者は例外中の例外であるにせよ、高所得層は世界中のどこへでも移住できる経済力を持ち高額医療を受けられる。しかし、低所得者は日本国とその社会保障に頼る以外に生きるすべがない。それを考慮すれば、消費税増税による社会保障の充実の最も大きい受益者は低所得者であることは、疑う余地がない。

▼筆者は買い物で鍛えられている

筆者は、上述のように妻が大病で病気療養を続けているため、大学での仕事の合間に、毎日スーパーに通って、安い食材を捜して三度の食事を家族の分も作って細々と生活している。

筆者はあちこちのスーパーの閉店間際の生鮮食品半額等の安売りタイムや販売方法を熟知してい

るため、それを中心に買物をして食費を切り詰めて生活をしている。

この場合、本書の趣旨にしたがえば、筆者が商品購入で支払う金額は少なく、それに応じて実質的な消費税負担額も少ないことになる。

筆者ほど小売業における個々の商品の価格形成とバーゲン等の廉価販売の動向や、時間ごとの商品価格の変動実態を熟知している研究者は少ない。小売店の売り場は、ミクロ経済学の価格理論や経営学の販売理論に負けない実践的な学びの場になっている。

その観点から考えると、これまで消費税という公平な税に対して、体験を踏まえた研究が乏しかったことが、「消費税は不公平」という社会の誤解を増幅してきたものと思われる。「消費税は不公平」という誤った先入観が広まった背景には、国政の政策立案者や研究者の多くが、日常の最も重要な消費活動である買い物を奥さんや秘書にまかせ、消費税を支払った経験が少なく、書斎に閉じこもって政策を立案したり、研究をしてきたことに理由があると思われる。

▼筆者自身の生涯所得の低さ

本書では省略したが、大阪大学の大竹文雄教授は、「生涯所得＝生涯消費」の視点から見た各階層の「所得＝消費」の大きさの均衡という考えに基づいて、「逆進性」の存在を否定している。生涯にわたる所得額の大きさが統計的に把握しにくいため、比較的把握しやすい生涯消費額の大きさに基づいて所得額を類推するという考え方が、その前提になっている。

この学説は、国際的に経済理論上認められた「ライフサイクル仮説」に基づいている。この仮説は、人々は勤労世代に貯蓄した資金を老後に支出するため、高所得者であっても定年後は低所得に戻るため、生涯で見ると、各階層の「所得＝消費」となるため、両者は均衡するという考え方である。

大竹説では、各階層の生涯所得と生涯消費で比較する点で、これまでの「逆進性」論議とは異なって、全く新しい視点の転換が求められる。そのため、この視点の転換に国民が納得すれば、一定の説得性を持つことになる。

しかし筆者は、日本の高齢者が老後に貯蓄を続けて遺産として残そうとする傾向を重視するため、「生涯所得＝生涯消費」になることは稀だと考えている。そのため、大竹説をそのまま受け入れているわけではない。

ただし、一個人の生涯所得の変遷を考慮して、各階層の所得を生涯所得の平均でとらえる視点に立てば各階層の生涯所得は均衡化されるため、「逆進性」が弱まることは疑う余地がないと考えられる。

以上の大竹氏の「生涯所得＝生涯消費」説は興味深いが、本書における一時点での所得額と消費額の比較の視点とは次元が異なり、いわば二次元の説明となるので、紙幅の関係上割愛した。

筆者は本書の執筆中に、消費税に関する多くの真実に気づかされた。その一つが、以上の「生涯の階層間の転換」の妥当性についてである。この生涯所得の視点から見ると、筆者自身の生涯所得が豊かではないことに気づき、その現実に直面して身につまされたことである。

つまり、壮年時代にいかに高所得者であっても、若年時代には低所得であり、定年後には最低所得階層に戻る。この生涯所得の変動理論を考慮すれば、従来言われてきた所得階層別に見た消費税負担率の不公平、つまり「逆進性」は解消されるのである。

筆者は30代後半までアルバイト生活で生計を立てる低所得階層に属していた。30代後半からかろうじて地方大学での正規の職を得て、それ以降60歳に近づく現在までの人生の短い時期に限定すれば、ようやく所得階層第V段階の高所得階層に到達した。

しかし、あとわずか5年余りで定年退職すると、勤続年数が短いことにより年金額が僅少のため、所得階層第I段階の低所得階層に戻ることになる。さらに、筆者の所属大学の経理課で調べた結果、定年まで勤めても筆者の退職金は1000万円台を超えない見込みである。

▼定年後、筆者に期待される年金等の社会保障はわずかである

筆者は、以上のように勤続年数が短いため、予想される年金受給額は極端に少ない。筆者は最近、自分の退職後の年金額を調べた結果、社会保険庁からの年金通知を見て、あまりに低い年金額に愕

然としている。そのため、筆者の生涯所得の平均で考えると、筆者は中所得階層以上には上昇する見込みがないのである。

筆者は退職後、零細な国民健康保険に加入して、細々とした医療サービスを受けて健康管理をすることになる。介護保険制度も財源難でその将来が危ぶまれている。このまま政府の社会保障制度が財源不足で衰退すれば、定年後は、健康保険料や介護保険料の負担も大きくなるため、年金受給額の少ない筆者には重荷になるであろう。

これには、近年の20年余り続いた国の財政難によって、公務員給与が削減されたことにより、年金算定の基礎になる筆者の公務員並みの給与が減ってきたことも影響している。

近年、歳出抑制策が手詰まりになって、「増税なき財政再建」という理念の実現が絶望的になってきた民主党政権は、公務員給与削減を目玉政策に掲げ始めている。しかし、購買力が不足するデフレ経済が続く中での公務員給与削減は、さらなる消費低迷による景気悪化の深刻化を招くであろう。

▼消費税増税による社会保障充実

消費税増税によって社会保障財源が確保されれば、年金、医療、介護等の社会保障が充実して、日本は成熟した西欧先進国の仲間入りを果たすだろう。

そうすれば、低所得者を始めとした各所得階層の人々が、西欧の社会福祉国家のように、老後の不安が解消して、財布のひもを緩めて、豊かな消費生活をおくれるようになる。長年の倹約生活を通じて資産を蓄えてきた高齢者の消費が拡大することによって、早急な景気回復が期待できる。

また、医療や介護等の分野での若年層の雇用が増大することで、勤労者の雇用所得が増大して、有効需要拡大の面からも景気回復が期待できる。

西欧先進国並みの20%台の水準への消費税増税が、以上の実現のすべてのカギを握っている。日本人がいかに優秀で勤勉であっても、世界中で日本だけが財源なしで社会保障を充実できるわけがない。また、いかに国民の熱狂的な高い支持率を背景にして登板した優秀な総理大臣を擁する政権であれ、十分な財源の余裕なしに一国の政権が立派な政策を実現して継続できるはずがない。

このことは、一家の家計を担う夫や妻、会社の将来を担う経営者が、借金に頼って家計や会社を支えることができないことと同様である。

平成22年7月の参院選での菅総理の消費税論議を喚起する演説以降、ギリシャの財政経済危機の深刻化の影響も手伝って、各種世論調査では、過半数の国民が消費税増税が避けられないことに気づいている。

世論から取り残されているのは、選挙対策という自己保身のために、国民の将来を担う社会保障の発展に背を向けて、消費税増税を明言できなくなっている指導力の乏しい政治家の方である。また、長年の因習にとらわれて、反増税キャンペーンから抜けきれない大手メディアもそれを助長している。

我々は誰しも子供のころに、「アメをくれる大人について行ってはいけない」と教わったはずである。しかし多くの国民は、どういうわけか大人になるとこのことを忘れて、ついつい実現不可能なサービス合戦をする政党や政治家に投票してしまう傾向が見受けられる。

本書の政治的に中立な立場からすれば、国民は、今後の国政選挙では、どの政党であれ誠実に国民に消費税増税という痛みを求める政党または政治家に投票すべきである。早期の増税を実現するためには、政権担当者とそれを支える各階層の国民が、この税が低所得者に有利な公平性の高い税であることを認識して、国民に対する説明責任を果たす必要がある。

以上のように筆者が長年自宅で看護してきた妻明美は、楽しみにしていた本書の刊行を目前にして、平成23年9月26日未明に、地域のがんセンターの病床で永遠の眠りについた。

病院側から入院が認められた時には、すでに体力が落ちて治療方法が尽きていた。医療制度が充実していて、もう少し早く入院治療が認められれば、療養生活が楽になり、病状の悪化を遅らせることができたのではないかと思わざるをえない。

筆者の長年の研究・教育活動を献身的に支えてくれた妻明美に本書を捧げたい。筆者は、就職が難しい大学教員としての遅い人生のスタートを切ることができ、今日まで職務上の難局に何度も直面しながら、何とか切り抜けてこれた。それはすべて、妻明美の助言と励ましのおかげであった。

同時にこれを機に、日本の医療制度をはじめとする社会保障制度の財源が充実して発展することを祈念したい。とりわけ、政府の医療財源が充実することで、がん治療の基礎的研究および臨床研究が発展することを強く期待したい。

（1）財務省HP＞税制＞わが国の税制の概要＞消費税など（消費課税）＞「消費税の使途」。
（2）昭和44年地方税法第35条「道府県民税所得割」、第314条の3「市町村民税の所得割」、新日本法規出版株式会社『実務税法六法―法令』昭和44年5月31日発行、（租税資料館提供資料による）。
（3）ワグナー『財政学』邦訳、滝本美夫訳（解説）同文館出版、上巻明治37年1月発行、下巻明治37年10月発行（合冊明治38年5月発行）原著：Adolf Wagner "Finanzwissenshaft" 1889年頃発行、486～488ページ。
（4）前掲、ワグナー『財政学』邦訳、448～449ページ。
（5）消費税法第5条（納税義務者）「事業者は、国内において行った課税資産の譲渡等につき、この法律により、消費税を納める義務がある」。
（6）財務省HP＞税制＞わが国の税制の概要＞消費税など（消費課税）＞「消費税に係る総額表示の義務付け」
（7）公正取引委員会HP＞相談事例集＞相談事例集　年度別＞改正消費税法に基づく「総額表示方式」の実施に当たっての独占禁止法及び関係法令に関するQ&Aについて（平成15年12月3日・目次）＞改正消費税法に基づく「総額表示方式」の実施に当たっての独占禁止法及び関係法令に関するQ&Aについて。
（8）中小企業庁資料「中小企業における消費税実態調査の概要」（調査の期間：平成14年8月～9月上旬）2頁。
（9）RIETI　独立行政法人　経済産業研究所「納税者番号を巡る議論について―納税者の立場から」BBL（講演会）議事録（2009年3月10日）、森信茂樹（中央大学法科大学院教授／東京財団上席研究員）。
（10）RIETI　独立行政法人　経済産業研究所「最近の納税者番号を巡る議論」BBL議事録（2009年3月10日）森信茂樹（中央大学法科大学院教授／東京財団上席研究員）納税者番号をめぐる議論について―納税者の立場から。
（11）国立国会図書館　財政金融課（鎌倉治子）「諸外国の給付付き税額控除の概要」の「まえがき」及び

「はじめに」Ｐ１、『調査と情報』第６７８号、ISSUE BRIEF NUMBER 678(2010. 4.22.)。
(12) 民主党『平成22年度税制改正大綱～納税者主権の確立へ向けて～』Ｐ14、平成21年12月22日。
(13) 民主党、同上『平成22年度税制改正大綱』Ｐ16。
(14) 民主党、同上『平成22年度税制改正大綱』Ｐ16。
(15) 民主党、同上『平成22年度税制改正大綱』Ｐ21。
(16) 民主党『平成23年度税制改正大綱～納税者主権の確立へ向けて～』Ｐ20、平成22年12月16日。
(17) 諏訪園健司編著『図説日本の税制』平成22年度版、財経詳報社、平成22年８月17日、73頁。

[著者紹介]

桜井良治（さくらい・りょうじ）

1951年、新潟市に生まれる。76年、同志社大学文学部「哲学及び倫理学専攻」卒業。79年、大阪市立大学経済学部（学士編入）卒業。87年、東京大学大学院博士課程所定演習単位取得。

88年から、沖縄大学専任講師、1990年から同助教授（財政学、地方財政論専攻）。92年から静岡大学法経短期大学部助教授、1994年から同教授、95年から静岡大学人文学部教授となり、現在に至る（財政学専攻）。

主な著書：佐藤進編『日本の財政』（共著、1986年2月、ぎょうせい刊）、『分権的土地政策と財政』（1997年2月、ぎょうせい刊）、『日本の土地税制』（1998年12月、税務経理協会刊行）、『政府債務の世紀』（2004年5月、新評論刊）、『コスト大国日本の財源』（2005年5月、勁草書房）

装丁………山田英春

DTP制作………勝澤節子

消費税は「弱者」にやさしい！

「逆進性」という虚構の正体

発行日❖2011年11月30日　初版第1刷

著者

桜井良治

発行者

杉山尚次

発行所

株式会社言視舎

東京都千代田区富士見2-2-2 〒102-0071

電話 03-3234-5997　FAX 03-3234-5957

http://www.s-pn.jp/

印刷・製本

㈱厚徳社

ISBN978-4-905369-14-1 C0033